dumont kunst-taschenbücher

Otto F. Gmelin

Anti FREUD

Freuds Folgen in der bildenden Kunst und Werbung

mit einem Beitrag von Helene Saussure

Verlag M. DuMont Schauberg

Druck: Gebr. Rasch & Co., Bramsche, Ziegler Beckmann GmbH, Köln
Buchbinderische Verarbeitung: Boss-Druck, Kleve

Printed in Germany ISBN 3-7701-0775-6

Inhalt

Erkenntnisinteresse und Psychoanalyse

> Wir leben in einer Zeit, in der eine kleine Minorität mit der Menschheit umgeht, als wären sie ein Haufen von Gegenständen. Unsere Welt ist gleichsam ein Konvoi, der in der Finsternis an einer unbekannten Felsenküste verloren scheint – mit zankenden Piraten im Kartenraum und Wilden, die an den Seiten der Schiffe hinaufklimmen, um zu plündern.[1]

Psychoanalytiker beklagen heutzutage die »internationale Sklerotisierung der Psychoanalyse«,[2] tun aber wenig, dem Zustand abzuhelfen und Theorie und Begriffe zu erneuern. Psychoanalytiker beklagen ihre luxurierenden Lebensumstände – Honorare bis zu 120 Mark die Stunde – und gehen gleichzeitig den Krankenkassen aus dem Weg, die ihre Leistungen kontrollieren und vergesellschaften könnten. Psychoanalytiker bedauern die Mutterlosigkeit und Deprivation von Kleinkindern und sabotieren zugleich die Institutionalisierung von Tagesmüttern, als sei das Rad der Geschichte zurückzudrehen.

Ursache hat dieses Verhalten in der Idolisierung und unkritischen Verinnerlichung ihres Begründers und seines Werkes, was mit der privaten Interessenlage der Psychoanalytiker korrespondiert und in letzter Zeit vor allem von Feministen vehement angegriffen wurde.[3]

(Frauenbewegung und Freudismus) Dem Engländer John Stuart Mill (1806–73) – Frauenrechtler und Systematiker des liberalen Radikalismus – fehlt nach Freud »der Sinn für das Absurde (...) in der Frage der Frauenemanzipation und der Frauenfrage überhaupt«. Ein »Hauptargument« in der von Freud übersetzten Schrift Mills von der ›Hörigkeit der Frauen‹ (1869) war, »daß die Frau in der Ehe so viel erwerben könne wie der Mann«. »Wir dürften ziemlich einig darin sein«, so schrieb Sigmund Freud seiner Braut, »daß das Zusammenhalten des Hauses und die Pflege und Erziehung der Kinder einen ganzen Menschen erfordern und fast jeden Erwerb ausschließen, auch dann, wenn vereinfachte Bedingungen des Haushalts das Abstauben, Zusammenräumen, Kochen und so weiter der Frau abnehmen. Daran hatte er einfach vergessen, wie überhaupt an alle mit dem Geschlechtlichen in Zusammenhang stehenden Beziehungen. (...) Ich glaube, alle reformatorische Tätigkeit der Gesetzgebung und Erziehung wird an der Tatsache scheitern, daß die Natur lange vor dem Alter, in dem man in unserer Gesellschaft Stellung erworben haben kann, (die Frau) durch Schönheit, Liebreiz und Güte zu etwas (anderem) bestimmt.«[4]

Mag man einem 27jährigen Akademiker solches zugutehalten; mit dem Alter ist die Erkenntnis nicht gewachsen: »Die Frage, die nie beantwortet worden ist, und die ich trotz dreißig Jahre langem Forschen in der weiblichen Seele nicht habe beantworten können, ist die: ›Was will das Weib?‹« – so formulierte er die anhaltende Ratlosigkeit Marie Bonaparte gegenüber. Inzwischen war der *wirkliche* Zustand seiner eigenen Hauswirtschaft zum theoretischen Bild versteinert.

Man muß die Freudschen Ansichten innerhalb einer geschichtlichen Dimension sehen, die unserem Bewußtsein möglicherweise fern liegen, weil Geschichtsbücher sie nicht enthalten. Was für die 60er und 70er Jahre unseres Jahrhunderts die Studenten- und Schülerbewegung ist, war für das ausgehende 19. und beginnende 20. Jahrhundert die Frauenbewegung, d. h. der aktive und militante Kampf der Frauen um gleiche Rechte. Stand sie, seitdem es Gesetze – Zwölftafelgesetze, Koran u. a. – gab, unter der Vormundschaft von Vater und Gatten, in Gefahr, als Tochter verkauft, für Ehebruch ausgestoßen oder getötet zu werden, so wurde dieser Zustand, auch wenn er zivilisatorisch verfeinert war, im 19. Jahrhundert von den Frauen angegriffen. Die von Freud so wenig aufgearbeitete politische Bewegung der Frauen war kein isoliertes und plötzliches Phänomen: Mary Wollstonecraft publizierte bereits 1792 ihre ›Verteidigung der Frauenrechte‹. Olympe de Gouges und andere agitierten die verfassungsgebende Nationalversammlung und den Nationalkonvent der französischen Revolution. In den USA entstand eine Frauenstimmrechtsbewegung. 1866 hatte Mill eine Petition für das

Frauenwahlrecht im Unterhaus eingebracht. Luise Otto-Peters (1819–95) wies in Eingaben ans Ministerium auf die skandalösen Zustände in den Manufaktur-Fabriken hin. Marx und Engels analysierten die mörderischen Zustände, unter denen Frauen und Kinder in den englischen Fabriken arbeiteten. 1872 kandidierte Victoria Woodhull in den USA für die Präsidentschaft. – Unter den Arbeiten der Politiker, die für andere Regelungen der Familien- und Eheverhältnisse kämpften, ist Bebels ›Die Frau und der Sozialismus‹ (1883) ein bis heute nicht ausdiskutiertes Standardwerk. Man kann also die Ansichten Freuds nicht einfach mit den k.u.k.-Verhältnissen entschuldigen ...

Eine der fragwürdigsten Säulen des Freudschen Systems ist die *Sozialisationstheorie,* die auf dem seinerzeit als universal angenommenen Inzesttabu basiert. In einem Brief von 1897 schrieb er, er habe bei sich selbst die Verliebtheit in die Mutter und die Eifersucht auf den Vater gefunden und halte dies für ein Gesetz der frühen Kindheit. Wie bekannt, setzt Laios seinen Sohn Ödipus aus. Das Motiv war – auf ein Orakel hin – die Angst des Vaters vor dem Sohn. Herangewachsen, begegnet Ödipus dem Vater in einem Hohlweg, bekommt Streit und erschlägt ihn, ohne ihn zu kennen. Freud hat diese erste Schuldverstrikkung des Mythos gestrichen. Der Mythos der Psychoanalyse heißt: der Knabe wünscht seine Mutter sexuell zu besitzen und trachtet deshalb, seinen Vater zu töten. Im griechischen Mythos kommt es zwar auch zu der sexuellen Begegnung mit der Mutter. Zunächst aber agiert der Vater. Nun behaupten die Freudisten, »der Wunsch, seine Mutter zu heiraten und den (...) Vater weg oder gar tot zu wünschen, wird zeitweilig (...) so gut wie von jedem Knaben gehegt«.[6] Diese »ödipale Situation« bleibt »gültig (...), solange Menschen noch von Menschen erzogen werden«.[7] Zwischen Vater und Sohn gibt es keine Liebe und Zärtlichkeit, sondern allein Vergeltung für den Inzestversuch mit der Mutter; und zwar in Form von Kastrationsabsichten.

Zwischen dem antiken Mythos und der Freudschen Variante gibt es konflikttheoretischen Unterschied: Einmal geht die Aggression des Vaters der des Sohnes voran, nicht umgekehrt. Darüber hinaus wird das »Über-Ich«, der Vater Laios, physisch ausgelöscht. Nicht so bei Freud: Hier wird das Über-Ich als »Erbe des Ödipuskomplexes« *im Sohn* aufgerichtet. Der Sohn muß beigeben. Der Vater obsiegt wie weiland Abraham.

Als Verlauf ist die »ödipale Phase« ein alttestamentarisches Modell.

Begierde und *Lust* (bzw. *Libido*) ist bei Freud »männlicher Natur, ob (...) beim Mann oder beim Weibe«.[8] Der »Kastrationskomplex« bereitet auch den »weiblichen Ödipuskomplex« vor. Da dies Modell von der Anatomie abweicht, bekommt das Mädchen innerpsychisch einen Penis zugesprochen, um die Mutter aktiv-phallisch zu erobern. Da sie dieses Glied nicht hat, hat sie *Penis-Neid.* In dieser Frage läßt sich Freud auch nicht »durch den Widerspruch der Feministen, die uns eine völlige Gleichstellung und Gleichschätzung der Geschlechter aufdrängen wollen«,[9] beirren. Neid schränkt das Leben der Frau, ihren moralischen Zustand füllend, ein: »Daß man dem Weib wenig Sinn für Gerechtigkeit zuerkennen muß, hängt (...) mit dem Überwiegen des Neids in ihrem Seelenleben zusammen.«[10] Man sollte denken, daß die Freud-Nachfolger diese »Theorie« endgültig aus der Welt schaffen. Nichts dergleichen. Im Sommer 1974 erschien in Frankfurt ›Psychoanalyse der weiblichen Sexualität‹, ein Buch aus dem Paris des Jahres 1964, das ausschließlich Interpretationen des Penisneids enthält. Ähnlich hält auch Mitscherlich-Nielsen an der Theorie fest, auch wenn sie die biologische Grundlage verneint.[11] Damit ist die Psychoanalyse ein »Schmierdienst des adjustement« der herrschenden (Un-)Ordnung »an die Dynamik ungerechter Interessen« (Sonnemann)[12] auch hierzulande geworden, denn die Frau ist genausowenig ein Negativ-Mann wie eine bloße Formel für »Objekt«, der Beliebiges an kindlicher Umwelt zu »subsumieren« wäre, wie Lorenzer[13] vorschlägt. Auf die konkrete »Abwandlung« der Subjekt-Objekt-Vorstellung und des daraus abgeleiteten ödipalen Musters ist endlich einzugehen – und zwar nicht derart, daß Frauen sich – wie Richter vorschlägt – als »Kundschafter und Lotsen« lernunwilliger Ehemänner betätigen, sondern als autonome Individuen an und für sich; ohne »vorausgeschickte Demutsgeste«, ohne »Leiden als Vorsprung«, ohne »auftauende« Psychotechnik.[14] Bei den Dogon in Westafrika, die die Kinder ohne Zwang, Lohn oder Strafe erziehen und mit drei Jahren in Kindergruppen abgeben, wo sie schlafen, spielen, essen – und später arbeiten, fand man weder den Wunsch, den »ödipalen« Rivalen zu töten, noch die Angst, von ihm verstümmelt zu werden.[15] Den Ödipuskomplex gibt es dort so wenig wie in zahlreichen europäischen Familien, deren »sexuelle« Zärtlichkeit und Solidarität die alte Konfliktlage aufgehoben hat.[16]

Die Franzosen Deleuze und Guattari, Verfasser eines »Anti-Ödipus«, haben begonnen, den fragwürdigen Familialismus der Psychoanalyse, der die Weltgeschichte zum Familien- und Gruppenproblem reduziert, auch theoretisch auszuräumen.[17] Darüber hinaus ist die europäische Geschichte, bevor die Kernfamilie unserer Tage als 'Universal-Modell' die Wahrnehmung blockiert, präzis auf die Hauswirtschafts-, Kommunikations- und Wertformen der Familienstruktur zu untersuchen.

Auf die Naivität, mit der in der Psychoanalyse Geschichte geschrieben wird, ist bereits von Sapir[18] hingewiesen worden, aber es ist oft bare Unkenntnis, die herrscht. Bei Mitscherlich[19] grassiert der Hexenwahn »im Mittelalter« und nicht im 16. und 17. Jahrhundert; die Aufhebung der Leibeigenschaft russischer Bauern 1861 war mit »persönlicher Freiheit« verbunden und nicht mit kollektiver Dorforganisation. Die USA sind als Unionsgebilde »das glücklichste«, weil »auf Neuland« begonnen – und nicht auf Sklaverei und Völkermord an Indianern. Ähnlich dem Über-Ich-Phantom einer »Sozialistischen Bewegung« gegenüber Randgruppen bei Michael Schneider,[20] die dem »'ich-schwachen', 'regressiven', 'kranken' Individuum die Möglichkeit der Selbstverwirklichung in einem kooperativen Rahmen« ermöglichen soll, so erscheint bei Mitscherlich »in der Stalin-, Hitler-, Sukarno-, Nkrumah-, Mao-Verehrung« ein »anarchistischer Dämonenkult« als Todestrieb-Spiel eines Übervaters: kein Wort von der Berücksichtigung japanischer Forderungen im Versailler Vertrag, kein Wort von der Ausplünderung chinesischer Provinzen durch kolonialistische Usurpatoren. »Weitaus die Mehrheit der Deutschen (sei) von Auftreten und Zielen des 'Führers' begeistert« gewesen; aber es waren nur wenig mehr als 30%, die

Hitler gewählt haben. »Die Unfähigkeit zur Trauer um den erlittenen Verlust des Führers« betraf also kein mehrheitliches »Liebesobjekt« und war keine nationale »Ich- und Selbstverarmung«.[21]

War Paul Federns Buch ›(...) die vaterlose Gesellschaft‹ noch eine »Psychologie der Revolution«,[22] so entfällt dieser Begriff bei Mitscherlich, als stände die bürgerliche Welt nicht auf den Gewehrläufen der französischen und deutschen Revolution. Richter zieht mit: »Revolutionstheorie« steht in Alternative zu »Emanzipation« mittels Psychoanalyse.[23] Mitscherlich hat erkannt, wohin Planung führt, wenn sie ohne die stattfindet, für deren Bedürfnisse sie unternommen wird; aber statt konkreter Modelle für ein neues Bodenrecht, für Planungsbeteiligung und Partizipation, für Bedürfnis-Funktionalismus im Sinne der finnischen Schule Aaltos appelliert er an die Zivilcourage von Städteplanern, an »Mut zur Einsicht«: »auf (...) Helden müssen wir warten – solange bleibt Stadtplanung ein Trocken-Skikurs«.[24]

1968 geriet der Friedenspreis des westdeutschen Börsenvereins in die Krise. Literaturproduzenten beschlossen die Abschaffung. Um den Anspruch dagegen zu legitimieren, verlieh man den Friedenspreis 69 an Alexander Mitscherlich. In der zugehörigen Studie ›Die Idee des Friedens und der menschlichen Aggressivität‹, in der der Destruktions- und Todestrieb abgehandelt wird, stellt der Weltfriede, so Mitscherlich unter Berufung auf C. F. v. Weizsäcker, »eine außerordentliche Gefährdung der menschlichen Freiheit« dar. Krieg ist »eigentliches Menschsein«.[25]

Arbeiterinnen und Arbeiter stellen in den Industriestaaten die Mehrheit der Erwerbstätigen. Angestellte, darunter 50% Frauen, unterscheiden sich im Bereich der Automation immer weniger von der ersten Gruppe. Zusammen bilden sie die Konsumklassen der Werbe-Industrie, unterteilt nach Zielgruppen. Nach Auskunft des Brockhaus 1967 gibt es Gewichtsklassen, Altersklassen, Vermögensklassen, Schulklassen, Arbeiterklassen, Mengenklassen, Klassen-Wahlrecht und Besitzklassen. Mitscherlich meint: »Die überindividuellen Konflikte, in die wir geraten, bilden sich entsprechend nicht mehr in einem (dynamisch empfundenen)

Klassen-, sondern in einem (gleichsam wieder ahistorisch sich verstehenden) Kastenbewußtsein ab, das sich in den Statussymbolen der Konsumsphäre zu erkennen gibt«.[26] Leithäuser doziert: »Die Charaktermaske des Kapitalisten ist zerronnen, das bürgerliche Individuum, aber auch das für das Klassenbewußtsein wesentliche Klassenmilieu der Arbeiterklasse sind weitgehend ruiniert.« Ohne einen der Begriffe auch nur andeutungshaft zu definieren, schließt sich Horn der Frankfurter Allgemeinen Zeitung an, nach der »eine Klassifikation in breite Masse und Bourgeoisie heute völlig überholt ist.«[27] Daß die 500 niedergelassenen Psychotherapeuten Westdeutschlands irgendeine Bedeutung für die Gesellschaft hätten, ist ein frommer Wahn. Insofern sind jene Buchtitel, die wie Michael Schneiders ›Neurose und Klassenkampf‹ das Marx-Porträt hälftig neben das von Freud setzen, Augenwischerei: nicht nur ist die Zunft der Psychoanalytiker in der westlichen Welt irrelevant für die Millionen-Massen in den nicht-sozialistischen Ländern Asiens, Afrika und Südamerikas, die – nach Schätzungen der UNO 500 Millionen – Hunger leiden, sondern auch für die, die in den westlichen Industriestaaten typisch und psychosomatisch krank sind. Es gibt ca. 7 Millionen behandlungsbedürftiger Neurotiker, etwa 600 000 Psychotiker, ca. 1 Million Alkoholiker, 1/4 Million Drogenabhängige, von der Laufkundschaft der expandierenden Psychopharmaka-Industrie nicht zu reden. Laut Gesundheitsministerium sind 10–12% aller Bundesbürger neurotisch.[28]

Generell werden die gesellschaftlichen Probleme der Arbeit und ihrer Organisation von der Psychoanalyse nicht gesehen, weil in der Theorie keine Begriffe dafür vorhanden sind. Man reduziert deshalb Sach- und Organisationsprobleme zu individuellen Autoritätsproblemen. Den Betrieb sieht man als Familie oder Gruppe und setzt ihn zu frühkindlichen Mutter-Vater-Beziehungen in Relation. Davon abgesehen ist die Psychoanalyse bei 70 bis 120 Mark pro Stunde und 240 DM für das Erstinterview volkswirtschaftlich nicht tragbar. Tilmann Mosers Analyse dauerte 700 Stunden in vier Jahren und kostete 30 000 Mark. Psychoanalyse wird auf Jahrzehnte hinaus eine elitäre Angelegenheit bleiben.

Zum finanziellen Problem kommt das der Sprache hinzu. »Die psychoanalytische Behandlung eines Arbeiters oder Bauern gelingt deswegen so selten, weil ihre Abwehrformen ihnen bestimmte Haltungen, die für eine psychoanalytische Behandlung unerläßlich sind, nicht oder nur mühsam erlauben.« Die notwendige »Vorerfahrung« für freie Assoziation »habe aber Menschen der unteren Sozialschicht gefehlt und ist ihnen daher später besonders schwierig erreichbar.« D. h. »Eine Psychoanalyse funktioniert, im Durchschnitt, nicht, wenn nicht gewisse Grundvoraussetzungen verbaler Kommunikationsmöglichkeiten zwischen Therapeut und Patient erfüllt sind. Eine zu große kulturelle oder auch nur schichtkulturelle Verschiedenheit von Analytiker und Patient frustriert den Analytiker zu sehr.«[29] Chronische Alkoholiker, Betrüger und Kriminelle findet man deshalb selten in psychoanalytischen Praxen.

(Erfolgskontrolle) Alle wie immer zu bewertenden Aussagen geben uns über eines keine Auskunft: nämlich wie erfolgreich die Psychoanalyse als Therapie wirklich ist. Nutzt der elitäre und kostspielige Nachvollzug der Kinderstube? In der Literatur werden die Fallstudien meist nur partikelweise präsentiert, so daß Anfang und Ende der »einzigartigen Bedingungen der Einzelanalyse«[30] nicht nachvollziehbar sind, wobei das Problem der Spontanrückbildungen von Neurosen als Auslöschung erlernter bedingt-reflektorischer Reaktionen noch hinzukommt. Für die USA hat W. Terestman von der Psychoanalytischen Klinik der Columbia-Universität New York die Behandlungsergebnisse auf Schichtprobleme hin untersucht: Von 41 Arbeitern unter 1300 Patienten haben 31 die Therapie frühzeitig abgebrochen. Bei den übrigen Patienten waren es 4 Prozent. Die Behandlungsergebnisse bei den Arbeitern waren auffallend schlecht. Terestman führt dies auf die Unfähigkeit und die sozialen Vorurteile der meisten Psychiater zurück.[31] Ob dies die Ursache – oder ob nicht vielmehr auch die Theorie falsch ist, sei zur Debatte gestellt. Nach Auskunft der Psychoanalytiker ist gesichert, daß der analytische Dialog einzelner Personen die Gesellschaft und ihre Institutionen nicht im geringsten ändert und die Moral der

Freudisten die Mechanismen der Gesellschaft nicht im mindesten berührt.[32] Die Frage, was von der Freud-Schule für die reale Verbesserung der arbeitenden Bevölkerung bleibt, ist eindeutig zu beantworten: – Nichts –. Die Psychoanalytiker, die institutionalisierten zumal, verschließen die Augen, verstrickt in ein groteskes Spiel: »Überlebende« auf kleinen Booten rettend, lassen sie zahllose Schiffbrüchige im Wasser treiben und polemisieren gegen andere Therapieformen wie Gesprächs-, Verhaltens- und Gruppentherapie, die Abhilfe schaffen könnten.[33] In der Angst, die Gratifikationen ihrer Patienten (»ohne Überanstrengung der Zehntausendmark-Linie« monatlich nahe)[34] zu verlieren, scheuen sie die Kontrolle und Demokratisierung ihrer Institute. Die unkontrollierte Herrschaft über den »Ausleseprozeß« und die »Ausbildung« der Psychoanalytiker ist dabei ein Kapitel für sich. Und die Moral der US-Psychoanalytischen Vereinigung gilt darüber hinaus als die von Dollarjägern, Luxusärzten, Roßtäuschern und Halsabschneidern. Das ganze zeigt indes die wissenschaftspolitisch unhaltbare Lage: niemand kontrolliert die institutionelle *Praxis* jener, die mit so großem Anspruch über unsere Gesellschaft und ihre Krankheiten reden. In einem Betrieb der Montanunion herrscht mehr Durchsicht und Mitbestimmung als in den Gesellschaften und Institutionen der Psychoanalyse.

M. Schneider hat neuerdings versucht, für die Linke den Freudismus zu retten, weil er einen »Beitrag im Kampf gegen die bürgerliche Ideologie« leiste, vor allem gegen den biologistischen und naturalistischen Krankheitsbegriff der Schul-Psychiatrie und -Medizin.[35] Wir bezweifeln aber, daß eine Theorie mit so vielen Fehlermargen gegen herrschaftlich bürgerliche Wissenschaften ankommt. Die »neopositivistischen« Wissenschaften haben Momente entwickelter Technologie, deren Qualität gegen eine kulturpessimistisch-nostalgische und volkskundliche Psychoanalyse noch lange ausreicht. Darüber hinaus verschärfen sich in unseren Tagen die wirtschaftlichen Umwelt-Probleme derart, daß Neubegründungen wirkungslos bleiben müssen und lediglich Energien kritischer Intelligenz sinnlos binden. Hinzu kommt das wissenschaftsstrategische Problem: Die entwickelte Physiologie und Psychologie ist zur Psychoanalyse nicht einfach parallel zu setzen, indem man behauptet, Freuds Vorstellungen von Primär- und Sekundär-Trieben entspreche der Reflextheorie.[36] Der »unbedingte Reflex« bei Pawlow ist angeboren, vererbt und als starres Programm (Pupillarreflex u. ä.), während die »bedingten Reflexe« »Schaltschemata für das Auswerten von Informationen über Informationen« darstellen. Dies ist Grundlage fast aller Theorien des Ostens und des Westens, des US-Behaviorismus, der Lerntheorie, der Neurokybernetik usw. Demgegenüber ist das genetische *Primär/Sekundär* als »biologisches Konzept (...) kaum aufrechtzuerhalten« und von Freud selbst aufgegeben worden.[37] Wir meinen, daß beim heutigen Zustand von Theorie und Praxis die Aufhebung der Psychoanalyse – wobei besonders die personale Statthalterschaft Gewicht hat – nicht zu leisten ist. »Die Suche nach der zuverlässigen Erkenntnis des Fremdpsychischen« wird zwar als eine Frage »auf Leben und Tod der Psychoanalyse« gesehen; da die Theorie den Herrschenden aber entgegenkommt, fällt die politische Kontrolle aus, weshalb der Erkenntnisnachweis nicht zwingend geführt werden muß.

Wollte man Aufhebung *langfristig* angehen, wäre zunächst Psychoanalyse der allgemeinen Psychologie begrifflich zu konfrontieren. Ihr Gelingen könnte nur im Rahmen eines großangelegten Forschungsprojekts geschehen, das die Mauern sämtlicher Schulen einreißt und darüber hinaus in den Begriffsentscheidungen die Notwendigkeit des transdisziplinären Anschlusses als Problem der Erkenntnis von Totalität realisiert.

1 Erkenntnismodelle und -interessen

Freuds Abhandlungen zur Ästhetik

»Das Selbst ist wie ein Schwan, der über das Weltmeer fliegt: er fliegt stetig dahin, aber sein einer Fuß bleibt dauernd im Wasser. – Er ist oben, – in Leichtigkeit und Freiheit oben.
Und er fliegt so verläßlich, so sicher, daß er über das Meer dahingleitet und doch einen Fuß stets in den Wellen zu halten vermag. Er fliegt so sicher, mit so sicherem Gefühl für das rechte Maß, daß er sich in der Vertikalen auf und ab nie mehr als ein Weniges bewegt . Das Selbst ist beides: mit einem Fuß in der Wirklichkeit – und mit dem Auge voraus in den Wolken, die seine Träume bilden. In einem Bild, in dem der Tag verhangen und die Nacht die Grauwerte bestimmt, gleich der Stimmung der Landschaft über ihm in den Wolkenbildern, ineinander vermittelt und in den Wassern sichtbar, so EIN Bild.
Kein Zufall, daß in der Legende ein Vogel gewählt ist, daß der Flug über das Weltmeer geht, daß nicht von einer Unterbrechung des Fluges die Rede ist, und daß der Fuß das Wasser dauernd berührt.«[1]

(Modellbegriff) Zwischen dem Wort und dem, was das Wort bezeichnet, können Kinder nicht unterscheiden; und erst der Heranwachsende macht (im Idealfall) einen Unterschied zwischen *Wirklichkeit* und *Wahrnehmung*, erkennt den Sachverhalt außerhalb seiner Wahrnehmung, das *Modell* aber, das er sich von dem Sachverhalt macht, als *Konstrukt* seines Bewußtseins.
Künftige Außenweltsituationen an *Modellen* der Außenwelt nachzuspielen, ist die ständige Arbeit von klein an. Aufgabe der Kunst und Literatur ist es, Modellsimulationen der Gesellschaft für bestimmte vor- und parawissenschaftliche Sprach- und Bildbereiche auf Vorrat zu produzieren: Reprogrammierung und vorwegnehmender Modellversuch in einem.

Wissenschaft endlich ist eine Kollektion von Methoden und Gesetzen, die sich auf die Herstellung und Verwertung von Modellen aufbaut.

Wir bilden die Wirklichkeit nach in dem Maße, wie wir sie mit Hilfe sprachlicher, bildlicher, symbolischer und anderer Modelle ausdrücken.

Wenn wir das Modell der Psychoanalyse kritisieren, so steht hinter solcher Kritik nicht nur der Versuch, Widersprüchliches nachzuweisen, als vielmehr ein anderes Modell. Um Klarheit zu bekommen, ist es notwendig, die Begriffe des Freudschen Modells als auch die Kriterien des kritischen Modells wenigstens anfänglich zu reflektieren.

(Das primäre Handeln) Im Gegensatz zur Psychoanalyse, die weder dem Spiel noch der Arbeit einen sozialen Sinn oder Sinn in sich zuweist,[2] erkennen wir in diesen Kategorien zentrale 'Motoren' der Gesellschaft.

In ihnen ist der gesellschaftliche Stoffwechsel vermittelt, geregelt und kontrolliert. Indem der Mensch auf die Natur einwirkt, verändert er seine eigene. Im Spiel und vermöge der Arbeit wird Leben in bewußter Zwecksetzung und Bestimmung seiner selbst vermittelt. Ist *Spiel* aber dem *Zufall*, dem *Finden* und Erfinden verpflichtet, so *Arbeit* der *Notwendigkeit* von Reproduktion. Insofern beruht *Freiheit* konkret und wesentlich auf dem *Recht* auf Arbeit als einem primären *Bedürfnis*, das sich *Mittel* schafft, um durch Handeln sich selbst und damit der Gesellschaft Genüge zu tun.

Indem das *Recht auf Arbeit* das primäre *Grundrecht* ist, ist Arbeit das primäre *Medium*. Dabei ist Arbeit nicht Äquivalent und Ersatz für Sexualität, sondern – wenngleich in bestimmtem Bezug – von ihr unterschieden.

(Vermittlung) Wir verstehen Medium als die Vermittlung der Aneignung von Natur durch den Menschen; insofern sind Arbeitsprozesse medialer Natur wie auch rückwirkend der Systemzusammenhang von Mensch und Umwelt. *Medium* ist zunächst *Mitte, Mittelglied, Mittlerin,* begrifflich oft 'Vermittlung'. in der griechischen Sprache bedeutet es die rückbezügliche Form des Reflexivums: *Ich frage mich.* Im Unterschied zu Aktivum *Ich frage* und Passivum *Ich werde gefragt.* D. h. *Medium* ist die sprachliche Form der Rückwirkung bzw. *Rückkopplung*, in der die Ausgangsgröße auf die Eingangsgröße, die *Wirkung* auf die *Ursache* zurückwirkt. Im medialen Vorgang, verstanden als 'vermittelnde' Aneignung der Natur durch den Menschen, ist der *Arbeitsplatz* der primäre Ort im Sinne der Vermittlung von Wirkung und Ursache und umgekehrt. Auch im Wechselbezug von *heutigem* Arbeitsplatz und *Sozialisation* (sprich Erziehung und Schule als Orte vorwegnehmenden Spiels) haben die vergangenen Modelle und Wertnormen *historischer* Arbeitsplätze eine bestimmende Rolle. Würden wir eine Bedeutungsskala der Medien aufstellen, eine *logische Bewertung* ihrer Funktionen und Strukturen, so stände der Arbeitsplatz, seine 'zeichenhafte' Vielfalt wie auch die Vermittlung von *Handeln* und *Erkennen* an erster Stelle: am Arbeitsplatz – sei's in Haushalt, Schule oder Betrieb – wird zuallererst bewußt oder unbewußt gelernt und verinnerlicht, was, wie und warum etwas getan wird oder getan werden muß. Dort fragt man *sich selbst*, was und warum etwas zu tun sei.

Wenn wir die Struktur der Arbeit in der Gesellschaft ansehen, werden wir zuerst erkennen: sie ist im außerhäuslichen Erwerbsbereich *bürgerlich*, d. h. arbeitsrechtlich geregelt, und im Bereich der privaten Hauswirtschaft *vor*-bürgerlich, d. h. arbeitsrechtlich im vertragslosen Zustand. Indem die Psychoanalyse in ihrem Familialismus das ökonomische Moment als eines von Werten der *Dienstleistung*, des *Gebrauchs* und des *Tausches* unterschlägt, verkennt sie das räuberische Verhalten der Gesellschaft zu den Frauen als einer durch Geburt gezeichneten mehrheitlichen *Kaste*, die als tragende Basis nicht allein 70% der gesamtgesellschaftlichen Arbeit (in *und* außer Haus) aufbringt, sondern auch Sorge trägt für die Regeneration männlicher Arbeitskraft.

In unserer Zeichnung findet sich die Instanz der Vermittlung *(Medium)* in der Mitte und am Übergang von erster und zweiter (industriell-technologischer) Natur zur Gesellschaft und ihrer Gliederung. Marktmäßig organisiert ist der überwiegend *männliche* Teil der eigentlichen Produktion (der *primäre* und *sekundäre* Sektor), seinerseits in *Klassen*, Schichten usw. aufgespalten. Im Übergang zu sozialistischen Organisationsformen sind Be-

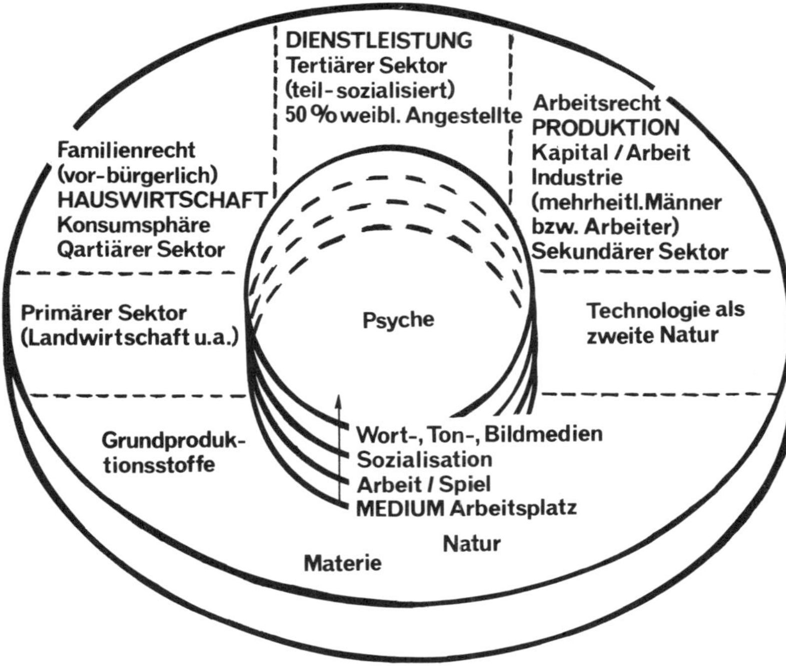

Mehrdimensional zu erweiterndes Modell MEDIUM/UMWELT

reiche des Dienstleistungssektors wie Schule, Gesundheitswesen und z. T. Nachrichtenwesen (*tertiärer* Sektor). Vor-bürgerlich, durch keinen Arbeitsvertrag und durch rückständige Industrieorganisation in Küchen- und Hauswirtschaft gekennzeichnet, ist der *quartiäre* Sektor: die 'private' Konsumsphäre mitsamt allem, was diese rechtlich absichert; das vor-bürgerliche Familienrecht unseres 'bürgerlichen' Rechtssystems, die von jeder Produktion 'befreite' Hausfrau, die Rechtlosigkeit des Kindes in Familie und Schule (vom Gesetzgeber als Gewalt-Recht definiert) usw.

Alle Vorgänge der Vermittlung, d. h. der Medien, tragen die *Abbilder* dieser gesellschaftlichen *Wirklichkeit,* in denen Menschen sich arbeitsteilig innerhalb von Berufsklassen verhalten.

Dieses jeweils *Besondere* ihrer Arbeitssituation macht ihre Rolle aus, insofern sie individuelles *einzelnes* Bedürfnis mit kollektivem *allgemeinem* Anspruch vermittelt.

(Objekt, Wirklichkeit, Trieb) Die Vermitteltheit von *Wirklichkeit* ist eine blinde Stelle der Psychoanalyse: sie hat dafür keinen Begriff. Und wo 'Objekt', 'Realität' usw. als Begriff auftauchen, meint sie etwas anderes: »Das Wort 'Objekt' wird vom psychoanalytischen Sprachgebrauch für Menschen wie für belebte und unbelebte Inhalte der Umwelt verwandt.« Und einschränkend: »Wenn wir ... von 'Objekt' sprechen, so gebrauchen wir dieses Wort als terminus technicus; auch menschliche *Subjekte*, sie sogar vornehmlich, sind Objekte, auf die sich Triebverlangen richtet.«[3] Man spricht von »Teilobjekten wie der weiblichen Brust, dem Penis usw.«[4] »Terminus technicus«, »Sexualobjekt«, »Liebesobjekt« und »Objektlibido« sind Fluchtformeln vor Sach- und Wirklichkeitsbezügen und signalisieren das gestörte Verhältnis, das die Psychoanalyse nicht nur zur Umgangssprache, sondern auch zum Umgang mit Wirklichkeit, d. h. Dingen, Sachen, hat.

Hinter der Begriffsentscheidung steckt indes mehr: das Primat des *Denkens* über die *Wirklichkeit* ist nicht etwa aufgehoben in einem Verhältnis materieller Wechselbeziehung, sondern verdreht insofern, als der Mensch, was immer dies sei, primär von *Trieb*gesetzen her definiert erscheint: als fortbestehendes infantiles Überbleibsel faßt er *Wirklichkeit* nicht und ist er selbst für andere ein lediglich libidinös besetztes *Objekt*. Die einzige Realität, die er hat, ist innerpsychisch. Dementsprechend werden die *analen, phallischen* und *genitalen* Objektbeziehungen, die das Kind phasenhaft und recht mühsam angeblich durchläuft, *biologisch* und nicht etwa *sozial* begründet.

Die »animalische Erlebnisfülle«, kurzum: das Tier im Menschen erst ist Grundlage, Geistigkeit zu erfahren, existentielle »Urangst« aufzulösen und der Welt »vollständig sicher«[5] zu werden. Objektive, materielle Bedingungen, die aus Sachzusammenhängen, aus Arbeitsmitteln, aus dem Verhängnis der Produktion kommen und Subjektwerdung möglicherweise verhindern, gibt es für die Psychoanalyse nicht. Ihre *Objekt*-Beziehung richtet sich auf andere *Subjekte.* Und die Störung solcher *Wirklichkeit* ist aus dem Nicht-Bewußtsein abgeleitet, exemplarisch von dem seiner selbst nicht mächtigen Kranken aus. Freud sieht das »*Ich*« und das *Andere* als Alternativen, die sich wechselseitig ausschließen. Aus dieser merkwürdigen Verkehrung von *Objekt* und *Subjekt* resultiert zugleich die Entmenschlichung dieses »Objekts«: es gelang der Psychoanalyse in der Folgezeit nicht, »ein System zu finden, innerhalb dessen sie hätte beschreiben können, was sich tatsächlich zwischen zwei Personen zuträgt«.[6] Sein Gegenüber als ein *Subjekt* zu erkennen, in dem sich ständig subtile Veränderungen vollziehen, ist bereits vom Begriff her nicht möglich. Das Subjekt schreitet nur durch eine langsame Integration seiner Partial-(Teil-)Triebe im Inneren der genitalen Organisation von einem zum anderen fort; und allein dem könnte eine verstärkte Berücksichtigung des »Objekts« (dem Anderen) und dessen qualitativer Vielfalt und Unabhängigkeit folgen. Der / die Andere, und zuallererst die Mutter, bleiben stets *Objekt,* dazu bestimmt, verbraucht zu werden; und auch die Pubertät, von der Kindheit mit »Andeutungen« und »Skizzen« versehen, kann nicht mehr als »reife« *Objektwahl* leisten.[7]

So fehlt der Begriff für das, was sich zwischen *wirklichen* Individuen, mehr aber, was sich zwischen sozialer und materiell-technologischer *Wirklichkeit* und dem *Subjekt* wechselseitig -- und auch für das, was sich zwischen Subjekten *vermittelt* über *Sachen* (Werkzeuge, Maschinen usw.) abspielt; und was seit Hegel mit »Entfremdung« und Arbeit über »entfremdete Gegenstände« usw. begriffen ist. D. h. als Korrelat des wahrnehmenden und wissenden Subjekts sind das nicht-menschliche Objekt und Ding bzw. Sachbezug und Arbeitsmittel in der Psychoanalyse nicht vorhanden, weil *Objekt* einseitig seinen Ursprung im (innerpsychisch-physischen) *Trieb* hat.

(Das erste Modell Freuds) Inwieweit unbewußte Triebe und Triebprozesse allen bewußten zugrundeliegen und sie begleiten, war das ungelöste Problem der 80er und 90er Jahre des letzten Jahrhunderts. Lipps notierte bereits 1883, ». . . daß unbewußte Prozesse allen bewußten zugrunde liegen und sie begleiten«. K. G. Carus schrieb 1846: »Der Schlüssel zur Psychologie des Bewußten befindet sich im Bereich des Unbewußten.«[8] Helmholtz, an den biologischen und physikalischen Modellen mechanischer Kausalität festhaltend, hatte die Beziehung unmittelbarer *Wahrnehmung* und *Erinnerung* problematisiert. Summarisch gesprochen, war Freud *zunächst* ein darwinistischer *Rationalist*, dem es darum ging, den scheinbar irrationalen, »indeterminierten« seelischen Apparat rational zu durchleuchten, also die *Determiniertheit*, die *Notwendigkeit* und die *Materialität* seelischer Prozesse nachzuweisen. Höhere Funktionen wurden auf ihre *biologischen* Substrate, Geistiges auf *Triebe*, Triebe auf ihre *somatischen* Quellen zurückgeführt. *Erkennen* war ein Einverleiben, ein gleichsam *aktives Abbilden* in der Sprache des oralen *Triebes*. Zwischen Bild und Bedeutung gab es nur Mechanisches, zwischen Objekt und Urteilsform nur Sinnesdaten. Wahrnehmung gelang als physiologische Abneigung; die Psyche wurde als neurophysiologisch bestimmbares Funktionsprinzip gesehen.[9] Freuds Ziel war es schließlich, »psychische Vorgänge darzustellen als quantitativ bestimmte Zustände aufzeigbarer materieller Teile«.[10] Psychopathologische Phänomene sollten an das physiologische Denken angeschlossen werden.

In seinem Entwurf einer Psychologie von 1895 versuchte Freud, »die Funktion des psychischen Apparates als Funktion eines Neuronensystems zu beschreiben«: *Abbildtheorie* erschien hier als mechanische *Reflextheorie* primär *materialistisch*. Hysterische Verdrängung, so glaubte er, vollziehe sich als Symbolverschiebung auf andere Neuronen. Damit wollte Freud die Helmholtzsche Physiologie mit der aufkommenden anatomischen Lehre von den Neuronen kombinieren: psychische Vorgänge als materielle Teile = Neuronen, deren Quantität dem allgemeinen Bewegungsgesetz unterworfen ist. »So kann ein Neuron entweder leer oder mit gewisser Quantität gefüllt, d. h. besetzt sein. Die nervöse Erregung ist als eine durch ein Neuronensystem fließende Quantität zu deuten. Eine solche Strömung kann, je nach dem Zustand der Kontaktschranken zwischen den Neuronen, entweder auf einen Widerstand oder auf eine Bahnung treffen.«[11] Freud geht auf Modellvorstellungen der Elektrophysik zurück. »Man konnte durchschauen vom Neurosedetail bis zu den Bedingungen des Bewußtseins. Es schien alles ineinanderzugreifen, das Räderwerk paßte zusammen, man bekam den Eindruck, das Ding sei jetzt wirklich eine Maschine ...«[12]

(2. Modell) Aber dieser Physikalismus hielt nicht stand. »Wer mit diesen Vorstellungen ernst machen wollte, müßte die physikalischen Analogien heraussuchen und sich einen Weg zur Veranschaulichung des Bewegungsvorganges bei der Neuronenerregung bahnen.«[13] Die Neuronensysteme wurden in der Folge durch psychische *Systeme* und *Instanzen* ersetzt. Anstelle der physikalischen Quantität trat die hypothetische *Besetzung* mit psychischer Energie. Freud wurde zu einem philosophierenden Kliniker.

Wirklichkeit schien nun von triebbestimmten libidinösen oder aggressiven Handlungen in der Phantasie abgebildet. Eine psychoanalytische Erkenntnistheorie derart, daß ein Beitrag zum Abbildbegriff geleistet würde, Basis aller solcher Theorie, blieb allerdings eine Leerstelle. Relevant wurden die Begriffe *Unbewußtes, Vorbewußtes, Bewußtes.*

(Abbild-Begriff) Um Wirklichkeit erkennen zu können, muß sie abbildbar sein, muß sie sich reproduzieren lassen als Modell. Der Besitz der Abbildung irgendeines Tieres oder einer Sache, so glaubte der magische Mensch, bedeutet gleichzeitig auch die Herrschaft über dieses Tier oder diesen Gegenstand, weil er gleichzeitig über dieses Tier oder diesen Gegenstand informiert. Nach der Vorstellung der griechischen Atomistiker geben die wirklichen Dinge *Eidola,* verkleinerte Abbilder, an unsere Wahrnehmung ab – im Gegensatz zu Platon, wo die Dinge – als *Ideen* – schon immer im Bewußtsein verankert sind. Gegen die vulgäre Auffassung, nach der der Gedanke ein Sekret des Gehirns ist wie der Harn ein Sekret der Niere, stand der Kantianismus, der die Geschichte als symbolgestaltenden Ideenprozeß zu immer umfassenderem Selbstbewußtsein und Selbstbestimmung der Menschen in ihrem Werk begriff. Als Reflex auf die marxistische *Abbildtheorie* und den Begriff der *Widerspiegelung* beschwor Adorno alttestamentarisch, nur bilderlos wäre das volle Objekt zu denken, womit sein theologisches Bilderverbot zionistisch endet. Dem schließt sich die Frankfurter Psychoanalyse an, will man nicht zu dem Satz von Lorenzer greifen, nach dem Symbolbildung ihre Basis »immer in der Produktion hat«, im »materiellen Sein«,[14] was dem Freudschen Primat des Triebes allerdings widerspricht. Die Kritik und Problematisierung der Begriffe *Abbild* und *Widerspiegelung* müßte uns der Erkenntnis der *Wirklichkeit* näherbringen: ihr *Modell*, im Prozeß der informationellen Rückkoppelung mit der Außenwelt entstanden, ist zunächst als eine komplizierte widerspruchsvolle Übersetzung von Materiellem in Ideelles zu denken, erworben in *handelnder* Auseinandersetzung mit der Umwelt. Dabei ist das Wirkliche *vor* aller Wahrnehmung und unabhängig von ihr vorhanden. Und weil Erkenntnis eine Annäherung des Denkens an das Objekt ist, nicht tot, nicht abstrakt, nicht ohne Bewegung, nicht ohne Widersprüche, sondern im ewigen Prozeß der Bewegung, des Widerspruchs und der Lösung, ist es wesentlich nicht *bilderlos* zu denken, sein Bild ihm nicht nur *äußerlich*.

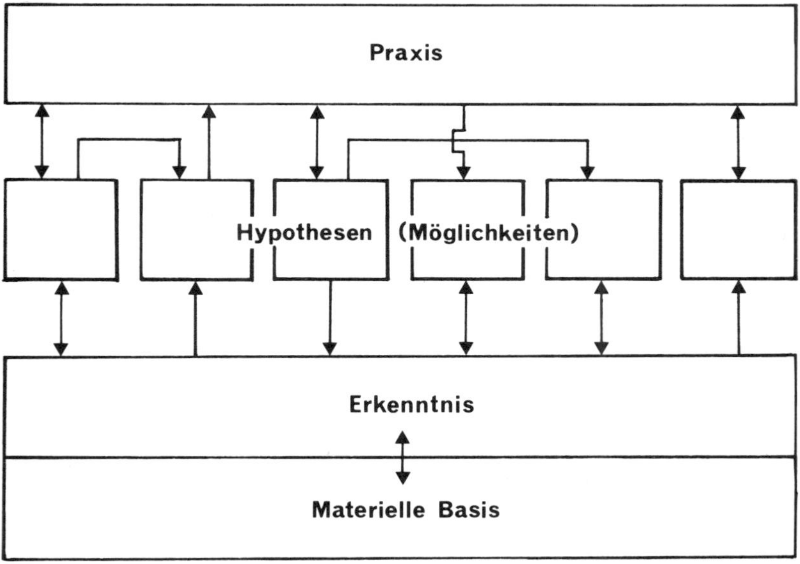

Geben wir es als Schaltbild: Auf einer stofflichen materiellen Basis erhebt sich die *bedingte* Erkenntnis; diese produziert theoretische *Hypothesen*, Strukturbilder, die z. T. spielerisch luxurieren, z. T. auf andere Theoreme einwirken, z. T. zur *Praxis* werden – z. T. in Speicher kommen für spätere Praxis (man denke an die Intervalle zwischen Erfindung und Auswertung von Patenten). Nie macht ein Verfahren alle anderen überflüssig, uns von den Erfahrungen der Geschichte abschneidend.

(Modell-Lernen) Die »Erkenntnistheorie« der Psychoanalyse – Wirklichkeit kraft Trieben – ist aufzuheben: Nicht erst die Probleme der Aggressions- und Wirkungsforschung haben uns gezeigt, daß Kinder, Jugendliche und Erwachsene nicht nur im Triebzusammenhang lernen und agieren, sondern daß bereits kraft Zuschauen und -hören *Verhaltensmodelle* übernommen und gelernt werden.[15] Die Amerikaner W. S. Condon und L. W. Sander haben nachgewiesen, daß Zuhörer jedes Wort, jede Silbe, ja sogar jeden Laut mit einer komplexen Folge von Mikrobewegungen, d. h. mit körperlicher Arbeit als *Modell-* und Abbildübernahme begleiten. Bei einer mühevollen Analyse der Filmaufnahme von 14 Neugeborenen stellten sie fest, daß die Abbildungen nicht allein für die überschaubare »Mediensituation« oder aber Interaktion Mutter/Kind galten, sondern für alle zwischenmenschliche Kommunikation. Die Wissenschaftler registrierten in jedem Einzelbild minutiöse Veränderungen – vom Drehen des Rumpfes bis zum leichten Hochziehen der Brauen. Bei der Gegenüberstellung von Bewegungsmustern und gleichzeitig gesprochenen Lauten zeigte sich, wie gesetzmäßig schon Neugeborene reagieren. So beantwortete ein Baby, zwei Tage alt, das »k« im Wort »come«, das 0,07 Sekunden dauerte, mit einem komplexen Bewegungsbild: Geringe Kopfdrehung nach rechts, Abwinkelung des linken Ellbogens, Aufwärtsdrehung der rechten Schulter, rasches Auswärtsdrehen der rechten Hüfte und Heranführen der großen Zehe des linken Fußes. Das nachfolgende »ome« im englischen Wort »come« wandelte die begonnene Bewegung ab: Beschleunigtes Abwinkeln des linken Ellbogens, Drehen der linken Hüfte nach innen, Weiterführung der Kopfbewegung, Stop der großen Zehe und Veränderung der Schulterbewegung exakt am Wortende.[16] Modell-Lernen vollzieht sich also bereits *vor* dem Gehen, Sprechen, Denken, ist vorbegrifflich und vorverbal – und nicht ausschließlich triebbestimmt.

(Begriffsgeschichte: Psychoanalyse und deutscher Idealismus) Psychoanalytische Begriffe gehören – abgelöst von Personen – in die Philosophiegeschichte und haben, so O. Marquart,[17] philosophische bzw. geschichtsphilosophische Relevanz. »Sie sind philosophische Begriffe, (...) weil sie philosophische Begriffe waren, ehe sie zu psychoanalytischen wurden.« Psychoanalytische Theorie ist zunächst die »entzauberte Gestalt« der von Schelling entwickelten transzendentalen Naturphilosophie: schon dort sind geschichtsphilosophische Probleme in naturphilosophische verwandelt, damit zugleich reduziert und geschichtlich entleert worden. *Natur* ist mit *Geschichte* identisch, dann verwechselt. Die Eliminierung geschichtsphilosophischer Substanz führte zur geschichtlichen 'Auswaschung' des ganzen Systems; Geschichte wird zur Natur, zur biologischen Ontologie. Der Naturbegriff bei Schelling und Freud ist zunächst als *nicht-menschlich* gedacht. Natur wurde unter den Bedingungen der Schwäche geschichtlich-anthropologischer Vernunft verstanden. Natur wird außermenschliche Vernünftigkeit und Vernünftigkeit ist als »Vernünftigkeit durch Natur« die »absolute Produktivität«. Aus dieser Vernünftigkeit bei Schelling wird der Naturtrieb bei Freud, auf dem Hintergrund einer Zwei-Prinzipien-Lehre, einer Vorstellung von Polarität, zur Geistigkeit gezwungen, und zwar durch *Hemmung*. Der Begriff findet sich ebenfalls bei Schelling. *Arbeit,* bei Fichte bereits an zentraler Stelle, bei Hegel als *gehemmte* Begierde,[18] erscheint bei Freud als isolierte »Zielhemmung«. *Hemmung,* allgemein *Verdrängung,* wird zu einem Grundpfeiler der Psychoanalyse.[19] Der Begriff erscheint bei Schelling – und bei Schopenhauer wörtlich und im selben Zusammenhang. Die Kultur/Natur-Polarität hat ihre Tradition bereits in der Zwei-Prinzipienlehre des »Hylemorphismus« als Form/Materie-Zustand aller Substanzen, und Adorno hat ihn gegen den Materialismus noch einmal mobilisiert, eine Art Urstoff kultivierend: »Schwarz verhängt sich der Horizont seines Standes von Freiheit, darin es keiner Repression und keiner Moral mehr bedürfte, weil der Trieb nicht länger zerstörend wirkte.«[20] Das Freudsche 'Unbehagen in der Kultur' ist bei Adorno zur Schwärze geronnen, zum Sinn des Daseins aus Nicht-Identität als Zugehängtes – ein Fluß, über den dunkel zu fahren wäre, und worin das Subjekt darauf hinarbeitet, zu verschwinden. Was Marquart fälschlicherweise annimmt: nämlich daß die Psychoanalyse nicht mehr Philosophie wäre; in Adornos zentralem Werk ist sie es wieder geworden: als ausgebildete Philosophie des Surrealismus, besser: des Trieb- und also *Sub*-Realismus. Bereits bei Schelling wetterleuchtet die Anti-Herrschaft solcher Natur als *Es*. (Adorno): »Versuchen, so zu leben, daß man glauben darf, ein gutes Tier gewesen zu sein.« An der äußersten Stelle extremer Kultur-Individuation schlägt das Selbst in die anarchische Natur zurück, sich in ihr auflösend. Der Mensch – als im letzten Grunde *das* Tier. Die Schellingschen Ansätze – enthusiastisch bei Marcuse, elegisch bei Adorno – korrespondieren mit Freuds Kulturtheorie und werden – so Marquart – von der Frankfurter Schule als Marxismus-Ersatz in Anspruch genommen.

Thomas Mann spricht von Freuds »unbewußter Herkunft« aus der Romantik, speziell von Novalis[21] und deutet die Psychoanalyse optimistisch als »Erscheinungsform des modernen Irrationalismus, die jedem reaktionären Mißbrauch unzweideutig widersteht«. Eine durch nichts belegte Hoffnung. Schelling spricht von der unbewußten Vorgeschichte des *Ichs* (ein Begriff in der Philosophie seit Fichte) und meint, es sei nun Sache der Wissenschaft, »jenes Ich des Bewußtseins mit Bewußtsein zu sich selbst, d. h. ins Bewußtsein kommen zu lassen«; Aufgabe der Wissenschaft ist – *Anamnese* (Erinnerung, Vorgeschichte): Erinnerung an das in der Seele liegende Wissen von den Ideen, die aus einer vorgeburtlichen Schau jener wahrhaft seienden Urgestalten stamme. Im Insichgehen der Seele, im »Sichinnerlichmachen, Insichgehen« sah Hegel den »tiefen Gedankensinn« des Wortes; bei Heidegger Grundakt der Metaphysik: eine Wiedererinnerung, für Plotin »Seelenwanderung«[22]: bei Freud endlich zum psychischen System erhoben. 1867 hatte Eduard von Hartmann eine »Philosophie des Unbewußten« publiziert und die Einheit von Vernunft und Willen in einem »absoluten Unbewußten«[23] gelehrt. Der Sozialismus als Naturalismus des Wirklichen, als Humanismus und Auflösung des Widerstreits zwischen Existenz und Wesen, zwischen Vergegenständlichung und Selbstbestätigung, zwischen Freiheit und Notwendigkeit, zwischen Individuum und Gattung, als aufgelöstes Rätsel der Geschichte und deren Lösung war – als Theorie und Arbeiterbewegung ansatzweise vorhanden – eine Herausforderung für das bürgerliche Lager, aber ohne Chance der Realisierung, weil ohne Mehrheit.

(Von der Ästhetik zur Therapie) »Die Kunst ist (. . .) dem Philosophen das höchste«, so Schelling. Freud, motiviert durch Goethes romantische Naturphilosophie – »Krone der Natur« als »Liebe«, »Polarität« und »Steigerung« als ihre »Triebräder«[24] – restaurierte den Ästhetizismus, der sich vom deutschen Idealismus inzwischen zur Triebphilosophie eines Schopenhauers gewandelt hatte. Jurinetz findet die Übernahme durch Freud »ganz begreiflich«.[25] Wien, das sich am äußersten Saum der Geschichte des Kapitalismus befindet, war nicht mit den Traditionen der heroischen Epoche des Bürgertums durchtränkt, sondern erwuchs ohne große Anstrengung auf dem Rücken der bis ins Mark ausgesogenen kroatischen, slowenischen und serbischen Bauern. Der Ästhetizismus ist das parasitäre Moment des Großstädters und des über die gescheiterte bürgerliche Revolution enttäuschten Intellektuellen: Die Ohnmacht der rationalen bürgerlichen Vernunft wird Biologie und Medizin.

Schellings »System der Naturphilosophie« enthält eine »Theorie der Krankheit«, eine philosophische Geschichte der Medizin war geplant.[26] Der Weg von Schelling über Schopenhauer zu Freud ist der »Vollzug eines Wachwechsels zwischen Ästhetik und Therapeutik«.

Auch wenn Freud Schopenhauer erst später gelesen hat,[27] Momente waren allgemeines Bewußtsein: das Primat der Affektivität, die überragende Bedeutung der Sexualität, der Mechanismus der Veränderung. Freud verhehlt nicht, daß er letztlich »in den

Hafen der Philosophie Schopenhauers eingelaufen« sei.[28] So ist Natur Anti-Geist und -Mutter: preisgegeben an ihre Erbarmungslosigkeit und Härte, an ihre unendliche Fruchtbarkeit und wilde Zerstörung, ihren rasenden Tanz, ihre überwältigende Lust, ihre Liebe, die Grausamkeit ist, ihr Leben, das Tod ist – durch Askese zu vernichten. Die Kampfattribute solcher Natur sind der Wille als »ein immer aufgeschobener Tod«, bei Freud in ewiger Wiederkehr »Todestriebe« und »Destruktion«. Die Erben der ästhetischen Lösung machen sich auf den Weg zum *Zauberberg*:[29] Die vibrierende Greisenstimme des Schiller-Gedenkredners sah das Ende der Menschheit nicht *ungewollt*. War der Übergang von der Ästhetik zur Medizin im Surrealismus fortgesetzt, Kunst als Ausfluß des Verdrängten und Natur befreit im Automatismus herrschaftsfreier Kommunikation, so hat dies in Habermas seinen späten Theoretiker gefunden. Indes ist der »Faden« Schelling-Schopenhauer-Nietzsche-Freud nicht der einzige, mit dem die Psychoanalyse an den deutschen Idealismus gebunden ist. Unsere Betrachtung geht hier über Marquarts Andeutungen hinaus, der die Verbindung allzu biographisch determiniert: so über Freuds Lehrer zu dem mathematisierenden Psychologen Herbart und dessen Lehrer Fichte, über den Physiologen J. Müller usw. Wir müssen die Modelle der Psychoanalyse im Zusammenhang einer breiten geschichtlichen Begriffsentwicklung sehen, die zur politisch-kulturellen in Beziehung steht. Und erst der Rückgriff schützt vor vorschnellen Kombinationen und Versuchen, die Psychoanalyse durch Aufzeigen einiger Widersprüche als erledigt zu betrachten. Freuds Werk steckt mit seinen Wurzeln im Boden des europäischen Geistes und bezieht aus dessen Widersprüchlichkeit die Qualitäten seines qualvollen Ablebens. Dazu gehört auch das Problem der Triaden. Die freudistischen Modelle sind ein Moment der *Dialektik*-Geschichte, und zwar nicht nur im *struktural*-äußerlichen Sinn: Triade = Triade, sondern auch *inhaltlich*.

Es war Fichte, der die (positive) Dialektik als eine heuristische Methode zum Auffinden von Problemlösungen begriff und der Thesis *(ich bin)* und Anti-Thesis *(Nicht-Ich)* die Synthese hinzufügte. Dem *Ich* setzt sich ein teilbares *Nicht-Ich* entgegen. Das bislang unteilbare *Individuum* (= Nicht-Teilbares) wurde teilbar, zerfällt – bei Freud – in *Systeme, Instanzen* usw.; die Freudsche Negation ist vorweggenommen: »Das Ich ist nicht mehr Herr im eigenen Haus.« Schelling bezeichnete in der Folgezeit das Drei-Schritt-Verfahren *(Thesis, Anti-Thesis, Synthesis)*, als *Dialektik*. Ausgebildet und systematisiert finden wir sie als Methode bei Hegel, »auf die Füße gestellt« bei Marx und Engels. Arbeitete die Ästhetik bis dahin mit einer *Dualität* von *Form* und *Inhalt*, so ermöglichte das dialektische Verfahren, beides in Wechselbeziehung zu sehen und Widersprüche in der *Wirklichkeit* und ihr Aufeinandereinwirken zu beschreiben. Dialektik wurde zur Lehre, *Gegensätze* als *identische* zu begreifen, ihre Bedingungen zu reflektieren, unter denen sie sich ineinander verwandeln, sich gegenseitig aufheben usw. Dialektik wurde zum Bild des *Widerspruchs*, der sich im *Identischen*, gleichsam der Zellteilung in der Biologie analog, aufmacht. Dabei ist der Widerspruch gegenüber der *Identität* das Tiefere und Wesenhaftere, »denn die Identität ihm gegenüber ist nur die Bestimmung des einfachen Unmittelbaren, des toten Seins; er aber ist die Wurzel aller Bewegung und Lebendigkeit; nur insofern etwas in sich selbst einen Widerspruch hat, bewegt es sich, hat Trieb und Tätigkeit.«[30] Die Psychoanalyse hat demgegenüber dem Begriff der *Identität* den Vorrang eingeräumt und den Begriff *Widerspruch* gestrichen.

Zunächst arbeitete Freud mit der Triade UbW – BW – VbW: *Unbewußtes, Bewußtsein, Vorbewußtsein;* wobei das VbW die Vermittlung der *Elemente* besorgt, die im kleineren Kreis des BW eine *Teil-Menge* des UbW darstellen: »Das Unbewußte ist der größere Kreis, der den kleinen des Bewußtseins in sich einschließt«, so Freud in der *Traumdeutung* 1900; und um die Begriffsentscheidung interdisziplinär zu annoncieren, meint er: »Erst dann treffen der Arzt und Philosoph zusammen, wenn beide anerkennen, unbewußte psychische Vorgänge seien der zweckmäßige und wohlberechtigte Ausdruck für eine feststehende Tatsache.«[31] Diese Aussage wird von seinen Gegnern akzeptiert, seine systematische Arbeit in diesem Begriffsfeld hervorgehoben.[32]

(3. Modell) In den zwanziger Jahren – zunehmend unter dem Druck konservativer Schüler und politischer Enttäuschungen – hat Freud einer anderen Triade den Vorzug gegeben, die er *Es*, *Ich* und *Über-Ich* nannte, wobei er Vorstellungen aus dem alten Modell übernahm und in seiner letzten, unvollendeten Abhandlung, die ein Torso geblieben ist,[33] zu vereinheitlichen suchte. Das *Es* stellt den Triebpol der Persönlichkeit dar; das *Ich* gilt als Instanz, die die Interessen der Gesamtpersönlichkeit repräsentiert und mit narzistischer Libido besetzt ist; das *Über-Ich* ist eine Instanz, die richtet und kritisiert und durch Verinnerlichung der elterlichen Forderungen und Verbote gebildet worden ist.[34] Daß die Begriffe – das *Es* kommt von Nietzsche, das *Ich* von Fichte – dabei ineinanderfließen und mit dem historischen Ballast Unschärfen bekommen, ist die Folge solcher Begriffs-Entscheidung. Das populäre Moment hat diese Triade insofern, als sie das auf den Kopf gestellte Modell der theologischen Trinität darstellt: Heiliger Geist (als Es), Sohn (als Ich) und Vater (als Über-Ich). Hinzu kommt der geheime Anthropomorphismus. Freud orientierte sich nicht mehr an naturwissenschaftlichen Modellen der Elektrophysik, Neurophysiologie usw. Das intrasubjektive Feld wird nach dem Vorbild von intersubjektiven Beziehungen – im Sinne eines »Bürgerkrieges«[35] – verstanden, die vormaligen »Systeme« werden als relativ autonome Personen innerhalb der Person vorgestellt, wie sie später in Buñuels *Andalusischem Hund* szenisch exponiert erscheinen.

Das *Es*, als biologischer Anteil der Persönlichkeit zufälliges Produkt einer materialistisch-darwinistischen Naturentwicklung, ist gleichsam der tragende Rumpf, auf dem das Schiff durch das Wasser gleitet. Dabei ist das *Es* mit dem UbW nicht identisch und in der Bewertung polar: böses Tier als vitaler Triebgrund, Laster und Hölle, in der es sich einzurichten gilt – wie auch warmes Leben und großer Befreier, der alles regelt: der Mensch wird vom *Es* gelebt.

Das *Über-Ich* ist der in die Vorzeit bzw. Säuglingszeit verlagerte Übermensch, die »soziale Hilflosigkeit der Erwachsenen« drückt der »biologischen Hilflosigkeit des Kindes« ihren Stempel auf[36] (Fromm), und zwar gegen die Stimme des *Es:* dieses rückhaltlos zu befriedigen, wäre nicht sozial. Kraft »Gefühlsbeziehungen zwischen Kindern und Eltern« hat das Über-Ich gleichzeitig »seine Basis (...) in den Trieben«. Das Ergebnis ist »das Gewissen«. Die Begründung erinnert an die Krücken bei Dali, die Schubladen voller Inhalte abstützen: »Es ist, als ob ein Kind vorübergehend nicht leben könnte ohne den Glauben daran, daß die Eltern stark (und) gut (...) sind.«[37] Gleichzeitig – weshalb des Über-Ich eine Konstante sei – leitet »die Errichtung des Über-Ich (...) die Unabhängigkeit von elterlichen Ge- und Verboten ein«.[38] Daß der Begriff ein gut Teil magischen Denkens und ungelöster Elternbindung in sich hat, gesteht Freud ein, indem er – bezogen auf den Tod *seines* Vaters – seine subjektive Gefühlsmeinung zur Maxime erhebt: er begriff es als »das bedeutsamste Ereignis, den einschneidendsten Verlust im Leben eines Mannes«.[39] Ein Eskimo, dessen Vater den letzten Gang aufs Eis tut, ein Bauer, der seinen Altenteiler am Grab verabschiedet, dürfte darüber anders denken und empfinden.

Der psychische 'Oberschicht'-Begriff *Über-Ich,* vor allem aber die bei Freud enthaltenen väterlich-familialen Momente erfahren ihre volle Fragwürdigkeit im Schwanken des *Ich*-Begriffs. Das *Ich* ist zunächst – geschichtlich – der formale Teil des (inhaltlichen) *Es*: Dem *Ich* haftet die Herkunft aus dem *Es* an. »Es und Ich ursprünglich eins.«[40] Dann: »Ich ist eben der organisierte Teil des Es.«[41] *Ich* als »Puffer (...) zwischen Es und realer Welt«, oder: »Das Ich beherrscht den Zugang zum Bewußtsein wie den Übergang gegen die Außenwelt.«[42] Fromm: »Bald scheint es, als ob das Ich nur eine recht kümmerliche Rolle spiele oder die Befehle ausführe, die ihm vom Es oder vom Über-Ich gegeben werden, bald wiederum, als ob das Ich in der Fähigkeit, Verdrängungen vorzunehmen, eine außerordentliche Macht zeige. Bald nennt Freud das Ich ein 'armes Ding', bald spricht er von der 'Mächtigkeit des Ichs'.« Auf der einen Seite ist Psychoanalyse das »Werkzeug, welches dem Ich die fortschreitende Eroberung des Es ermöglicht«.[43] Das *Ich* stärken, es vom Über-Ich unabhängiger zu machen. »Wo Es war, soll Ich werden. Es ist Kulturarbeit (...).«[44] Auf der anderen Seite der Hinweis auf die Verinnerlichung des Zwangs, das das *Über-Ich* unter seine

Gebote aufnimmt. »Jedes Kind führt uns den Vorgang einer solchen Umwandlung vor, wird erst durch sie moralisch und sozial. Diese Erstarkung des Über-Ich ist ein höchst wertvoller psychologischer Kulturbesitz.«[45] Also direkter Widerspruch; zwei völlig verschiedene Bewertungen der Zuordnung von *Kultur* und *Ich* bzw. *Über-Ich*. Die Begriffe sind austauschbar. Der Widerspruch, der sich durch das ganze Werk hindurchzieht, steht für die Unentschiedenheit zwischen fortschrittlichem Bürgertum und misanthropem Pessimismus. Mehr und mehr wird das Ich zum schwachen, ewig »armen Ding«.[46]

Der Biopsychismus ist überdeterminiert. Dabei ist das 2. und 3. Modell nicht parallel derart, daß *UbW, BW* und *VbW* dem *Es, Ich* und *Über-Ich* entsprechen. »Nicht nur das Tiefste, auch das Höchste am Ich kann unbewußt sein.«[47] »Der entscheidende Teil des Ichs bleibt unbewußt.«[48] Das Ich hat kraft seiner Abwehrmechanismen einen Anteil am UbW, auf der anderen Seite kraft seiner angeborenen Kompetenzen (Identifikationsleistungen mit Erwachsenen) wesentliche Über-Ich-Momente. »Manche Psychoanalytiker unterscheiden zwischen *Über-Ich* und *Ideal-Ich* und schreiben der ersten Instanz Verbotsfunktionen, der zweiten die Idealbildung zu.«[49] Entsprechend dem öffentlichen Wert- und Normensystem schwankt die Ich-Psychologie zwischen Triebnatur und 'Kultur'. Wenn Spector sagt, daß das Ich weder vom »strengen Über-Ich beherrscht noch in die wilden Fluten des Es gerissen«[50] wird, ist darin der etymologische Natur-Mythos präsentiert: ein Genrebild des Familialismus. Die widersprüchliche Bewertung durch die Freudo-Marxisten zeigt darüber hinaus, wie wenig der Ich-Begriff hergibt. Beruft sich Reiche auf die Ich-Schwäche, die der Kapitalismus brauche, so schwört M. Schneider darauf als revolutionäre Hoffnung, die das System zu Fall bringe.[51] Diese Leere des Begriffs, bei Lacan »energetische Leere« für fremde Kräfte, ist aber kaum eine Qualität inhaltlicher Bestimmung, es sei denn das Leersein zum Tode.

Wenn Wulff bei Vietnamesen bestimmte Ich-Störungen nicht ausmachen kann,[52] ist das zum Teil eine Falsifikation für den Ich-Begriff als anthropologische Konstante. Wir haben am Ende nichts – oder *das* Nichts – in Händen. Vom fehlenden Umweltbezug abgesehen, hat der Begriff noch nicht einmal eine innerpsychische Bestimmtheit.

Erscheint das Freudsche Denken in seinen verschiedenen Modellen und zahllosen Einzelerkenntnissen auf den verschiedensten Gebieten als gespeist aus vielfältigen Quellen, wobei die skizzierte Vielfalt die Endlosigkeit und Unausschöpfbarkeit von Interpretationen zuläßt, so ist es eine müßige Rückwendung, wenn die Psychoanalyse heute ihrerseits das Hegelsche Dialektikschema als sexistisch und theologisch kritisiert, als hätte es darin seine wesentliche Qualität.

Für Jacques Derrida[53] ist der Geschlechtsverkehr das biologische Muster für Hegels Dialektik als das »Unbewußte der Philosophie« und Vollendung bürgerlichen Denkens, als welche die Hegelsche Dialektik allgemein gilt. Derrida benutzt die Hegel-Deutung der Sexualität in der »Enzyklopädie« und die Deutung der jungfräulichen Geburt Jesu in der »Phänomenologie des Geistes« als Fermente, die das System zersetzen und zur Selbstauflösung treiben sollen. Für Hegel ist der Geschlechtsverkehr dialektischer Natur im Sinne der Aufhebung: Verneinung der Geschlechterdifferenz, Gewinnung der höheren Geschlechtereinheit in der »Gattung« und Rückkehr zum Bewahren von Unterschied und Gattung im Kind. Der Ansatz beginnt beim Geschlechterunterschied als *Opposition,* weil Begattung als Aufhebung von Gegensatz diesen zuerst herausstellen muß. Für Hegel ist der Mann »das Entzweite«, der »Gegensatz« und das »Tätige«, die Frau das »Indifferente«, »Empfangende« und die »unentwickelte Einheit«. Mehr: »Der Kitzler ist das untätige Gefühl überhaupt«.

Unschwer, Hegel die These der Unterdrückung der Frau und der Privilegierung des Phallos nachzuweisen. Hegels »tätiges Gefühl« als »Blutfüllung der corpora cavernosa« (Schwellkörper) belegt den kulturspezifischen »Phallozentrismus«. Andererseits enthält Hegels These der Frau als noch nicht entzweite Einheit sowie der Gang des Mannes zu dieser Einheit als Unterwerfung jenen fragwürdigen Matriarchalismus, den wir zum Teil bei Erikson – und allemal bei Goethe – wiederfinden. Natürlich ist Hegels Philosophie – und nicht nur der Glaube an die jungfräuliche Geburt Jesu Christi – im maskulinen Kulturzusammenhang der bürgerlichen Revolution zu sehen. Da Derrida nicht differenziert, gerät er in jenen Pauschalismus, für den sämtliche Erscheinungen und Denkmöglichkeiten der Vergangenheit samt und sonders patriarchal sind und das Matriarchat das Heil.

Hegel sieht im Familienmodell seiner Zeit das der *Aufhebung* im Kind, wobei der Gang zu den Müttern das überholte Moment darstellt. Ob seine Dialektik als ein Ausfluß aus dem biologischen und sozialen Muster oder als die Interpretation des Musters eine rückläufige Anpassung an das Dialektik-Modell ist, bleibt offen. Die Rückwendung mag zeigen, wie Begriffsgeschichte über die Köpfe hinweg und durch sie hindurch arbeitet und Modelle nur wiederholen, was schon *wirkliches* System ist.

(Systemtheorie, Psychoanalyse) – und woran zu arbeiten wäre. Das zweite Modell Freuds, aus dem ersten z. T. entwikkelt, stellt die Triade von UbW, BW und VbW dar, die mengentheoretisch beschreibbar ist. Man nennt dies zuweilen das *erste topische Modell.*[54] Dabei wird Topik als Differenzierung des psychischen *Apparats* verstanden, der eine bestimmte Anzahl von *Systemen* unterhält, die bestimmte Eigenschaften oder Funktionen haben und in einer bestimmten Reihenfolge zueinander angeordnet sind.

(Am Ende der *Traumdeutung*):[55] »Wir stellen uns also den seelischen Apparat vor als ein zusammengesetztes Instrument, dessen Bestandteile wir *Instanzen* oder der Anschaulichkeit zuliebe *Systeme* heißen wollen. Dann bilden wir die Erwartung, daß diese Systeme vielleicht eine konstante räumliche Orientierung gegeneinander haben, etwa wie die verschiedenen Linsensysteme des Fernrohres hintereinanderstehen. (. . .) Es genügt uns, wenn eine feste Reihenfolge dadurch hergestellt wird, daß bei gewissen psychischen Vorgängen die Systeme in einer bestimmten *zeitlichen* Folge von der Erregung durchlaufen werden. (. . .) Von den Bestandteilen des Apparates wollen wir von nun an der Kürze halber als von ‘Ψ-Systemen’ sprechen.« Diese

Ψ-Systeme sind durch psychische Instanzen begrenzt und können durchaus miteinander in Konflikt stehen. Dabei funktioniert die Psyche im System UbW anders als im VbW; jedes System hat seine spezifische Funktion, seine Abwehrform, seine Besetzungsenergie und schirmt sich am Ausgang durch Zensuren ab. So arbeitet der Traum nicht einfach auf einem niederen Intensitätsgrad des Wachlebens, sondern mit anderen funktional-strukturellen Mechanismen, darüber hinaus erscheint das Unbewußte zunächst noch in der Funktion von zwei gesonderten Systemen: dem *Bewußtseinsmöglichen* und dem ganz und gar *Bewußtseinsunfähigen.* Das Unbewußte, auf dessen Systematisierung Freud aus war, sieht er in Schichten organisiert, die nach Vorstellungsgruppen geordnet sind, wobei die Folge von Erinnerungssystemen durch bestimmte Assoziationsgesetze charakterisiert sind. Die Organisation der Erinnerungen sind in »Archiven« um einen »pathogenen Kern« herum organisiert. Erinnerungen entfalten im unbewußten Zustand alle ihre Wirkungen und zwar räumlich. »Psyche ist ausgedehnt, weiß nichts davon.« Zwischen dem UbW und dem VbW herrscht eine Kampfstimmung: das Unbewußte sucht Zugang zum Bewußtsein, muß dabei durch das VbW gehen, weshalb dieses seine Herrschaft über das UbW aufzurichten sucht. Freuds Modell ist hier vom ultrastabilen, selbstorganisierenden und miteinander vermaschten Kybernetik-Modell nicht allzu weit entfernt.

Unter dem Eindruck, daß es unabhängige Vorgänge in der Natur nicht gibt und abgeschlossene Systeme nicht denkbar sind, hat er den Ansatz aufgegeben. Als würden die postulierten Ordnungssysteme die ihnen zugrundeliegenden Sachverhalte verlieren, sprengte sich das Modell quasi selbst. In dem dann aufkommenden Anthropomorphismus von *Ich, Es* und *Über-Ich* verliert sich die Strenge des ersten Ansatzes, die mit dem Begriff »mechanischer und bürgerlicher Materialismus« unzulänglich gekennzeichnet ist, weil systemtheoretischen Konstruktionen unausgesprochene dialektische Qualitäten aus dem erwähnten philosophie-geschichtlichen Begriffsbezug eigen sind. Vielleicht hat die Ausdehnung der Psychoanalyse auf eine Gesellschaft von Schülern und Epigonen Freud an der ungestörten Ausbildung weiterer umfassender Arbeiten ähnlich der *Traumdeutung* gehindert. Statt Forschung ist Herrschaftslegitimation und angepaßter Institutionalismus entstanden.

(*Nachtrag:* Selbstredend ist für uns Systemtheorie keine »bürgerliche Wissenschaft«, als welche Enzensberger sie in *Baukasten zu einer Theorie der Medien*[56] vermerkt; auch tangiert die modisch hochgespielte Luhmann/Habermas-Diskussion[57] nicht die zentrale Problematik des Systembegriffs selbst noch die Notwendigkeit einer in Ausbildung befindlichen philosophischen und kybernetischen Systemtheorie. Wir leben innerhalb und zum Teil als Elemente hochdynamischer Systeme. Es gilt ihre Kritik in positiv-negativer Aufhebung zu betreiben. Anti-systematische Haltung wäre eine Form vordergründiger Verweigerung und unkontrollierter Metaphysik.)

Das **4. Modell** Sigmund Freuds geriet zur reinen Theologie: der *Lebens*-(= Libido-, Ich- usw.)*Trieb* steht dem *Todestrieb* (Aggressions- und Destruktionstrieb) gegenüber, in welchem das Leben aus inneren Ursachen abstirbt, zum anorganischen Zustand zurückkehrend. Während man die Ableitung anderer Maximen Freuds aus biographischen Momenten bestenfalls als zusätzlichen Motivationshinweis benutzen kann, ist die Theorie des Todestriebs zu Freuds Leben auffällig synchron. Darauf hat der Hausarzt Max Schur in *Sigmund Freuds Leben und Sterben*[58] hingewiesen: Nikotinsucht ab 24 Jahren. 1893–96 Anfälle paroxysmaler Tachykardie mit anginalen Schmerzen und Anzeichen linksseitigen Herzkammerversagens mit den Folgen einer Myokardschädigung, evtl. Koronarthrombose in einer kleinen Arterie. 1896 Anfälle von Todesangst. Zwanghafte Beschäftigung mit Daten seines möglichen Todes zum 41., 42., 51. und 81½ Lebensjahr. (Schur): Freuds Theorie des Todestriebs und des Wiederholungszwangs sind Rationalisierungen seines zwanghaften Aberglaubens als Präokkupation seines vorzeitigen Endes. Starker Zigarettenkonsum führt zu Läsionen im Gaumen. Herzbeschwerden kommen hinzu. 1923 Entfernung eines leukoplastischen Geschwulsts im rechten Gaumen und Kiefer. Befund: Epithelialkrebs. 2. Operation einige Monate später. 30 Operationen in den nächsten 16 Jahren, die immer weiter Teile des Gaumens und des Kiefers betreffen und eine Mund-Kiefer-Prothese (»Ungeheuer« genannt) notwendig machen. Trotzdem gibt er das Rauchen nicht auf: neue Reizungen der Schleimhäute; Zyklus von Leukoplakie, Proliferation und präkanzerösen Veränderungen, jeweils chirurgisch behandelt. 1939 befand sich eine solche Veränderung an einer Stelle, wo sie chirurgisch nicht mehr zu erreichen war. Die letzten Jahre bestanden aus endlosen Qualen und Schmerzen, zeitweise konnte er kaum sprechen und Nahrung zu sich nehmen. – Euthanasie.

Sigmund Freud in seinem Wiener Arbeitszimmer

(Ästhetik und Lebensgewohnheiten) Freud war ein Sammler toten Lebens. Er sammelte, einer damaligen Mode folgend – Kleinplastiken: römische Porträtbüsten, Buddhafiguren, griechische Statuetten, Terrakottabüsten, Masken, Krüge, Grabfiguren. Er richtete seine überschüssige Triebenergie auf unbelebte Objekte; auf steingewordene Traumsymbole, die Vergangenheiten festhalten. In dieser Privatsammlung antiker Kleinkunst herrschten die Themen von Tod und Bestattung vor; Sarkophagdeckel, Marmorflies, Grabfiguren, Totentanzmotive: Das Unbewußte als der erwachsene Felsen und heimliche Determinant in Wissenschaft und Kunst. Freuds therapeutisches Vorgehen entsprach dem eines Archäologen, der aus Ziegeln und Scherben eine versunkene Kultur aufbaut. Der Vergleich findet sich immer wieder: die Konstruktions- und Rekonstruktionsarbeit des Psychoanalytikers zeige eine »weitgehende Übereinstimmung mit der des Archäologen, der eine zerstörte und verschüttete Wohnstätte (...) ausgräbt.« Freud vergleicht die Schichten der Person mit den ermittelten Sedimentierungen von Ausgrabungen. Die Niederschläge der verschiedenen Epochen des alten Rom in Gebäuderesten und Fragmenten werden von ihm als Bild benutzt, um personale Entwicklung verständlich zu machen. Die Anamnesen werden zu Momenten der Archäologie des seelischen Apparats. In seinen psychosexuellen »Versteinerungen« kommt der Patient zu sich selbst. Mit dieser »Funktionalisierung« seiner Privatsammlung ist zugleich das Kunstinteresse eingeschränkt. Freud hat nie einen lebenden Künstler analysiert. Gegenwart oder gar Zukunft bleiben determiniert: »Indem uns der Traum einen Wunsch als erfüllt vorstellt, führt er uns allerdings in die Zukunft; aber diese vom Träumer für gegenwärtig genommene Zukunft ist durch den unzerstörbaren Wunsch zum Ebenbild jener Vergangenheit gestaltet«, so schließt er die umfängliche Traumdeutung. Glück ist nur als die nachträgliche Erfüllung eines prähistorischen Wunsches möglich ...

Freuds Ästhetik führt eine Linie der romantischen Kunsttheorie weiter. Davon zeugen nicht nur die Vorlieben. Am Eingang zu Freuds Wiener Ordinationszimmer hing ein Stich von Füßlis ›Der Alptraum‹. Ein Ungeheuer oder Incubus sitzt tückisch grin-

J. F. Füßli, Nightmare (Nachtmahr oder auch Alptraum), 1781

send auf der Brust eines lasziv auf eine Couch gespreizten schlafenden Mädchens. Über die Szene schaut ein Pferd mit vorquellenden Augen, das sich auf die Mädchengestalt zu stürzen scheint –: Symbol für die Situation von Freuds Patientinnen.

Der Incubus war bei den alten Römern der Dämon des Alpdrückens. In der spätmittelalterlichen Hexenliteratur war Incubus der Buhlteufel einer Hexe im Unterschied zum Succubus, der weiblichen Teufelsgestalt für den Liebesverkehr mit männlichen Zauberern. Der Glaube an den Incubus spielte in den Hexenprozessen des 16. Jahrhunderts eine bedeutsame Rolle. Dieses – bis heute auch theologisch unbewältigte – Motiv hing zur Verinnerlichung einladend als Begrüßungssymbol neben dem Eingang. Die zwischen der Ekstase sexueller Gelöstheit und schuldhafter Gewalt, zwischen sinnlicher Unmittelbarkeit und Gespensterhaftigkeit stehenden Gestalten Füßlis (1741–1825), von Michelangelo beeinflußt, kamen dem Somnambulismus entgegen, den Freud in der düsteren Lichtstimmung des Sturm- und Drang-Malers wohl suchte. Dagegen waren die Probleme jener Tage: G. Klimts laszive Ornamentik, Egon Schieles entblößender Expressionismus – für ihn wie nicht vorhanden; ebensowenig die politische Wirklichkeit eines Wiens, dessen Herrschaftsarchitektur in der 2. Hälfte des 19. Jahrhunderts gegen die Ansprüche von nationalen Autonomien und Arbeiterbewegung konzipiert und gebaut war.

Freuds Themenwahl in bezug auf Kunst und Künstler hatte weniger mit ästhetischen Fragen und Theorien als mit persönlichen Bedürfnissen und Vorlieben zu tun.[59] Nicht nur, daß er bestimmte Kunstwerke, etwa die Leonardos, wie neurotische Traumbilder auf ihren verborgenen Sinn hin zu »entziffern« suchte. Er selbst war darüber hinaus der Held seiner kunstanalytischen Arbeiten, die zentrale Figur der Ödipussage, der Hamletversion: es waren Projektionen. Er identifizierte sich mit den Problemen Leonardos und Goethes; und mit der romantischen Heftigkeit des Gezeichneten ging er auf Michelangelos *Moses* zu. Dem Anspruch einer ästhetischen Theorie aus dem Wege gehend, selektierte er, was die Theorie stützte: Seltsames und Abnormes, Neurotisches und Traumatisches. Eine Kunstkritik, die nach einer exakten psychoanalytischen Hermeneutik riefe, läßt sich aus Freuds Werk nicht filtern. Der Versuch ist auch nie gemacht worden.

Lassen sich Freuds Kunstessays als Projektionen eigener Probleme begreifen, so wäre es zugleich müßig, bei jedem Detail nach der Lebensgewohnheit des Interpreten zu fragen, wie ja überhaupt das übertriebene Interesse an Freuds eigenen Neurosen, besonders seine lebenslange Mutterbindung als speziell jüdisches Familienrelikt den Personalismus und die Idolisierung stützen und wenig einbringen, weil Leben kaum rekonstruierbar, mehr Dichtung als Wahrheit – um Freud zu zitieren – »die biographische Wahrheit (...) nicht zu haben« ist.[60]

Freuds Arbeiten zur Ästhetik sind – von den verstreuten Anmerkungen in der *Traumdeutung* und einem Essay über E. T. A. Hoffmann[61] abgesehen – in der Studienausgabe X in einem Band versammelt. Die Literatur ist mit einer Analyse über eine Kindheitserinnerung in Goethes ›Dichtung und Wahrheit‹ (1917) nebst der Rede zum Goethe-Preis 1930, ›Dostojewski und die Vatertötung‹ (1927) und fünf weiteren Arbeiten vertreten; vor allem aber mit der *Gradiva*-Abhandlung (1906)[62], die der Surrealismus annektiert hat und auf die wir unten zu sprechen kommen. Die bildende Kunst ist mit ›Eine Kindheitserinnerung des Leonardo da Vinci‹ 1910 und ›Der Moses des Michelangelo‹ 1914 repräsentiert.

(Leonardo-Studie)[63] »Ein einziges Mal, soviel mir bekannt ist, hat Leonardo in eine seiner wissenschaftlichen Niederschriften eine Mitteilung aus seiner Kindheit eingestreut. An einer Stelle, die vom Fluge des Geiers handelt, unterbricht er sich plötzlich, um einer in ihm auftauchenden Erinnerung aus sehr frühen Jahren zu folgen. »›Es scheint, daß es mir schon vorher bestimmt war, mich so gründlich mit dem Geier zu befassen, denn es kommt mir als eine ganz frühe Erinnerung in den Sinn, als ich noch in der Wiege lag, ist ein Geier zu mir herabgekommen, hat mir den Mund mit seinem Schwanz geöffnet und viele Male mit diesem seinem Schwanz gegen meine Lippen gestoßen‹.«[64] Diese Kindheitserinnerung – eine beiläufige Notiz – wird für Freud zum Schlüssel Leonardos: seiner Schwierigkeit als Künstler und seiner endlichen Hinwendung zur Anatomie, zur wissenschaftlichen Forschung. Der Geier steht bei Freud, den Bezug aus einem hermaphroditischen ägyptischen Märchensymbol ableitend, für die Mutter, der Schwanz des Geiers für den Phallus und die Tätigkeit des Schwanzes im Mund des Kindes für oral-genitale fellatio.[65] Die Träume des Kindes – dies die immer wiederkehrende Motivation – gehen auf den Besitz der Mutter, und die kindlichen Fragen sind nur Umschweife nach ihrer zärtlichen Gewißheit, nach dem Recht auf ihren inzestiösen Genuß, in dem die Frage nach dem uterinen Herkommen enthalten ist: Fragen an das Vexierbild eines androgynen[66] Einsseins mit dem Vogel: Gebärerin, Genossin wie zugleich Verderberin als schweigsam zurücknehmende Todesgöttin – bei gleichzeitigem Zurücktreten, ja verhängnisvollem Verschwinden des Vaters im kindlichen Spiel: Determinante der homoerotischen Komponente Leonardos. Die Kernassoziation ist die von dem Vogel auf die Mutter: vom Geier kommt Freud zu der geierköpfigen Göttin *mut*, einer ägyptischen Muttergottheit, die vom Wind befruchtet und meist mit einem Phallus dargestellt wurde. Freud unterstellt Leonardo die Kenntnis dieses ägyptischen Mythologems. Die leibliche Mutter, als Objekt präödipal[67], die Genitalien beider Geschlechter besitzend, nahm den kleinen Sohn »anstelle ihres Mannes«, überschüttete ihn »mit der ganzen Zärtlichkeit ihrer unerfüllten Sexualität«, »raubte ihm durch die allzu frühe Reifung seiner Erotik ein Stück seiner Männlichkeit«,[68] bis endlich der wohlhabende Vater und die kinderlose Stiefmutter den 3–5jährigen adoptieren. Freud fand die beiden Mütter »mit dem seligen Lächeln des Mutterglücks ausgestattet«, Zärtlichkeit und dunkle Drohung in einem – und hierin völlig spekulativ – in dem Leonardo-Bild ›Heilige Anna Selbdritt‹ »so ineinander verschmolzen wie schlecht verdichtete Traumgestalten«; »die beiden Mütter seiner Kindheit zu einer Gestalt« zusammengeflossen. Dabei steht die Heilige Anna für die wirkliche Mutter und die Jungfrau Maria für die Stiefmutter. All dies dient als Erklärung für das geheimnisvolle Lächeln der Maria in *Heilige Anna Selbdritt* wie auch das der *Mona Lisa*. Nun ist der »Geier«, das ist inzwischen geklärt, eine Fehlübersetzung des 19. Jahrhunderts und in Wirklichkeit »Nibio« = Milan; ein Greifvogel, der als »Schwarzmilan«, in Ägypten als »Schmarotzermilan« die Ge-

Leonardo da Vinci, Heilige Anna Selbdritt, um 1499

wässer und Schuttplätze des Mittelmeerraums heimsucht. Als Symbol bietet er sich eher für eine Vision des Vaters an, der sich dem unehelichen Kleinkind zunächst versagt hatte ...

Die Leonardo-Arbeit ist der erste und ausführlichste Exkurs Freuds in das Gebiet der Biographie und bleibt die einzige. Die Assoziation Geier-Mutter muß als objektiver Befund heute aufgegeben werden. Halten die einen diesen Interpretationsfehler für irrelevant vor der weiterreichenden Analyse der psychosexuellen Entstehung einer Homosexualität bei Leonardo, die im damaligen Kulturkreis eine andere Bewertung erfahren muß als zu Freuds Zeiten, so halten andere den Leonardo-Geier, wie ihn dann Pfister aus dem Gewandwurf herauslas, für ein Hirngespinst von Leuten, die Ikonologie mit Ikonographie verwechselt haben und zählen Freud, dem kunsthistorische Formerfahrung gewiß mangelte, zu solcher Kategorie. Daß Freud sich unter Assistenz seines Briefpartners Pfister an die *Anna Selbdritt* gewagt hatte, macht den Unfall zur Delikatesse. Des weiteren sei die Anna Selbdritt ein zu Leonardos Zeiten oft fixierter mariologischer Typus, aus dessen kanonisierter Symbolik Leonardo keinesfalls hätte ausbrechen können.

Die von Freud Leonardo zugeschobene Projektion zweier Muttergestalten der eigenen Kindheit könne auf der Topographie Freudscher Holzwege als krasser Fall der individualpsychologischen Projektion auf eine objektive Äußerung registriert werden, so Faßmann.[69] Kurzum: Die psychosexuelle Analyse ist hinfällig und Freuds Bemerkung 1931, »ohne die eigentümliche Kindheitsgeschichte Leonardos« sei das Gemälde nicht zu begreifen,[70] lediglich verbohrt. Die pathetischen Rechtfertiger des Freudschen Irrtums meinen – und das überdeckt lediglich, daß der Freudsche Triebradikalismus hier völlig in die Irre geht, wenn er Homosexualität generell negativ als »Pathographisches« bewertet und Zärtlichkeit für schädlich hält: »Zur sexuellen Frühreife emporgeküßt«[71] – es sei unerheblich, ob Leonardo den Mythos gekannt habe, Vogel sei Vogel.

Der Irrtum mit dem Geier hat, wie angedeutet, einen Zusatz erfahren: Von Oskar Pfister stammt die Anregung, den Geier – Symbol der Mütterlichkeit – im Gewandwurf zu erkennen.

Der als Geier interpretierte Gewandwurf

»Man sieht den äußerst charakteristischen Geierkopf, den Hals, den scharfbogigen Ansatz des Rumpfes in dem blauen Tuche, das bei der Hüfte des vorderen Weibes sichtbar wird und sich in der Richtung gegen Schoß und rechtes Knie erstreckt.« Der Vogelschwanz aber ziele mit dem rechten Ende nach dem Munde des Kindes. Leonardos Bild wird Vexierbild und Rorschachtest –: Die Pathogenie aber bleibt ein Irrtum. Daß in der Abhandlung – und an diesem Beleg – die Neurosenlehre vorweggenommen und die Theorie vom Narzismus entwickelt ist, macht den Unfall nicht besser.

(Genie-Lehre) In der Folge der Leonardo-Untersuchung entwickelte die Psychoanalyse einen Geniekult der Neurose als psychoanalytische Biographik, den Lambroso mit seinem Buch ›Genio e Follia‹ (Genie und Irrsinn), 1864 erschienen, dann Sadger mit Studien über C. F. Meyer 1908, Lenau 1909 und Kleist 1910, vorbereitet haben. Heute liegen die wichtigsten Versuche, so Freud/Bullitt über den US-Präsidenten Wilson, H. Deutsch über George Sand, Bichowski über Winkelmann, Erikson über Hitlers Kindheit, gesammelt vor[72]: eine späte Blüte der Sublimation des Leidens als Wegweiser zum Heil; philosophisch-ästhetische Konjunktur der Therapeutik, Genie-Ästhetik im Gewand der Pathographie. Noch im Begriff der Marcuseschen *Entsublimierung* ist die Fragwürdigkeit des Ansatzes enthalten. »Man möchte sagen, die Absicht, daß der Mensch 'glücklich' sei, ist im Plan der 'Schöpfung' nicht enthalten.«[73] Aus dem Paradies der Mutter vertrieben, folgt die Heimkehr: als Möglichkeit gelingt sie nur im Tod. Thomas Mann hat in einiger Geschichtsverkennung aus dieser These die Pathographie des Nietzsche-Deutschlands als Faschismus präsentiert, als Roman resignatorischen Scheiterns eines ganzen Volkes.[74]

Im Effekt hat der Pathogenie- und Genie-Kult die herrschenden Schichten und die intellektuelle Welt davon abgehalten, die Zustände nicht nur in den psychiatrischen Anstalten realistisch einzuschätzen, zu erkennen, daß vornehmlich Mitglieder der untersten Schichten betroffen sind ...

(Zweimal Moses) Das Thema ist in der Beschäftigung Freuds mit der Mosesfigur verstärkt fortgeführt, wobei es müßig ist, darin die Motivation seines narzistischen Selbstgefühls, der Einzigartigkeit usw. zu suchen, was auf zweifache Weise infantil wäre, sei's das neurotische Moment des Patriarchen selbst oder die genüßliche Projektion der Nachfolger. Die gut 20seitige Untersuchung ›Der Moses des Michelangelo‹ ist um 1914 entstanden. Die Statue war für das Grabdenkmal des Papstes Julius II. bestimmt, dessen gewalttätiges Ziel es war, Italien unter der Herrschaft des Papsttums zu einigen. Freud meinte, über kein Kunstwerk der Welt seien so widersprechende Urteile gefällt worden wie über diesen panköpfigen Moses und gesteht, er habe »von keinem Bildwerk je eine stärkere Wirkung erfahren«.[75] Während seiner Rom-Aufenthalte ging er oft allein in die Kirche, um die Statue zu betrachten. Die Studie geht von der sitzenden Haltung und der etwas merkwürdigen Stellung der rechten Hand aus: es ist nicht der Moses der Bibel, der in Zorn geriet und die Tafeln hinwarf; und auch die Darstellung eines sitzenden Moses findet keinen Anhalt im Bibeltext. Dar-

Michelangelos Moses, 1513–1515

über hinaus hat Michelangelo den Charakter des Gesetzgebers umgewandelt: Moses verharrt unter der Einwirkung des Anblicks, daß sein Volk abgefallen sei und um das goldene Kalb tanze. Nach Freud wollte er in einem Anfall von Zorn aufspringen, Rache nehmen ... aber das Festhalten an den Tafeln, ihr möglicher Verlust mahnte ihn. »Er gedachte seiner Mission und verzichtete für sie auf die Befriedigung seines Affekts. Seine Hand fuhr zurück und rettete die sinkenden Tafeln, noch ehe sie fallen konnten.« Damit hat Michelangelo »etwas Neues, Übermenschliches in die Figur des Moses gelegt, und die gewaltige Körpermasse und kraftstrotzende Muskulatur der Gestalt wird nun zum leiblichen Ausdrucksmittel für die höchste psychische Leistung, die einem Menschen möglich ist, für das Niederringen der eigenen Leidenschaft zugunsten und im Auftrag einer Bestimmung, der man sich geweiht hat.« Die Interpretation aber hat durch die Rückbeziehung auf einen früheren, nicht darge-

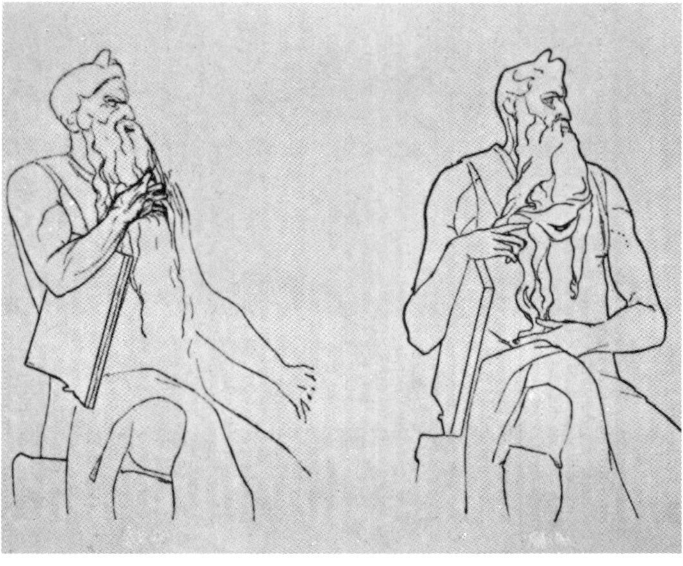

Von Freud veranlaßte Skizzen zum Moses des Michelangelo

stellten Moment die Stellung geklärt. Dies ist der Beitrag eines »Laien«, wie sich Freud hier nennt, zur umstrittenen Deutung der Statue. Alle anderen Momente, so auch die soziale Funktion solcher Herrschaftsskulptur – für Arp ein »inspirierter Schneemann«,[76] bleiben ohne Erwähnung, gehen im Bewußtsein der Notwendigkeit von Führer und Herrschaft unter.

Das Thema ist mit ›Der Mann Moses und die monotheistische Religion: Drei Abhandlungen‹ von 1934 bis 1938 wieder aufgenommen: Freud hat die letzten Lebensjahre damit verbracht, ›eine Psychoanalyse der Bibel‹ zu schreiben, eine psychoanalytische Rekonstruktion der Urgeschichte seines Volkes Israel: »Im Jahre 1912 habe ich in *Totem und Tabu* versucht, die alte Situation, von der solche Wirkungen ausgingen, zu rekonstruieren. Ich habe mich dabei gewisser theoretischer Gedanken von Ch. Darwin, Atkinson, besonders aber von W. Robertson Smith bedient und sie mit Funden und Andeutungen aus der Psychoanalyse kombiniert. Von Darwin entlehnte ich die Hypothese, daß die Menschen ursprünglich in kleinen Horden lebten, eine jede unter der Gewaltherrschaft eines älteren Männchens, das sich alle Weibchen aneignete und die jungen Männer, auch seine Söhne züchtigte oder beseitigte. Von Atkinson in Fortsetzung dieser Schilderung, daß dies patriarchalische System sein Ende fand in einer Empörung der Söhne, die sich gegen den Vater« (der Selbstbestimmung und Emanzipation verweigerte) »vereinigten, ihn überwältigten und gemeinsam verzehrten. Im Anschluß an die Totemtheorie von Robertson Smith nahm ich an, daß nachher die Vaterhorde dem totemistischen Brüderclan Platz machte. Um miteinander in Frieden leben zu können, verzichteten die siegreichen Brüder auf die Frauen, derentwegen sie doch den Vater erschlagen hatten, und legten sich Exogamie auf. Die väterliche Macht war gebrochen, die Familien nach Mutterrecht eingerichtet. Die ambivalente Gefühlseinstellung der Söhne gegen den Vater blieb über die ganze weitere Entwicklung in Kraft. An Stelle des Vaters wurde ein bestimmtes Tier als Totem eingesetzt; es galt als Ahnherr und Schutzgeist, durfte nicht geschädigt oder getötet werden, aber einmal im Jahr fand sich die ganze Männergemeinschaft zu einem Festmahl zusammen, bei dem das sonst verehrte Totemtier in Stücke gerissen und gemeinsam verzehrt wurde. Niemand durfte sich von diesem Mahle ausschließen, es war die feierliche Wiederholung der Vatertötung, mit der die soziale Ordnung, Sittengesetze und Religion ihren Anfang genommen hatten. Die Übereinstimmung der Robertson Smithschen Totemmahlzeit mit dem christlichen Abendmahl ist manchen Autoren vor mir aufgefallen. – Ich halte an diesem Aufbau noch heute fest.«[77] So Freud gegen Lebensende als Resümee seiner ethnologischen Theorie: Begründung seines 'Gangs zu den Vätern'. Ausgangspunkt ist die offensichtliche Zusammensetzung des Bibeltextes aus mehreren Quellenberichten sowie die Klischeehaftigkeit der Geburtslegende Moses'. Der Neugeborene, in einem Kästchen (= Mutterleib) ausgesetzt, dem Wasser (= Geburtswasser) übergeben, belegt den »ödipalen Familienroman«, den die Psychoanalyse aus zahllosen Biographien herausgefiltert hat. Freuds Judentum kommt hinzu, gepaart mit dem Wunsch, von dieser Bürde (dem eigenen leiblichen Vater) befreit zu werden: Moses wird zum Nicht-Juden gemacht.

Der Name Moses ist ägyptischer Herkunft; daß eine ägyptische Prinzessin den Säugling gerettet und ihm diesen Namen gegeben hat, sei lediglich die Rationalisierung. Bereits Heine beklagte seine Religion als »die aus dem Niltal mitgeschleppte Plage, den altägyptischen ungesunden Glauben«.[78] So kommt es zum literarischen Mord an Moses, dem Nichtjuden; am Befreier, Religionsstifter, »Herzog und Kapitän der Hebräer«, Anwalt eines Systems, das in Ich-Abwertung den strengen, logischen Monotheismus aufrichtete, den harten, strengen und verdüsterten Gott, womit dem Todesinstinkt das Ventil geöffnet ist: das ganze christliche Drama, »(...) ein Sohn Gottes hatte sich als Unschuldiger töten lassen und damit die Schuld aller auf sich genommen. Es mußte ein Sohn sein, denn es war ja ein Mord am Vater gewesen.« »Aus einer Vaterreligion hervorgegangen, wurde das Christentum eine Sohnesreligion. Dem Verhängnis, den Vater beseitigen zu müssen, ist es nicht entgangen.«[79] »Die Eifersucht auf das Volk, welches sich für das erstgeborene, bevorzugte Kind Gottvaters ausgab« und den Opfertod des Sohnes nicht akzeptierte, wird zum Moment der kommenden Geschichte. Die andern haben »ihren Groll gegen die neue, ihnen aufgedrängte Religion nicht überwunden (...), ihr Judenhaß ist im Grunde Christenhaß«. Nach dieser Theorie, so die Editoren, liegen die unbewußten Wurzeln des Antisemitismus im Kastrationskomplex. Im »Ensemble von Brüderclan, Mutterrecht, Exogamie und Totemismus« wird die narzistische, sendungsbewußte Herrennatur zum Ur-Bild, dem man, wie immer es ablaufen mag, letzten Endes nicht entkommt. Denn der Vater der Urhorde ist und war als einziger scheinbar frei.[80] Mag dem leiblichen auch der Tod gewünscht werden, die »Wiedereinsetzung des Urvaters in seine historischen Rechte« wird zum fatalistischen Gesetz noch in jedem Abendmahl. Der Übermensch, den Nietzsche erst von der Zukunft erwartete, erscheint bei Freud als die große allmächtige Spekulation am Ursprung der Geschichte. Ihre Entwicklung ist die langsame »Wiederkehr des Verdrängten« als geschichtsphilosophisches und personales Prinzip. Anlaß für die Versöhnung mit der Theologie.

(Der Mythos vom verfolgten Freud) Man sollte annehmen, die Psychoanalyse würde sich von der Vorstellung des Familienromans freimachen, weil – symbolisch gesprochen – das Korrelat für Faustus nicht mehr Gretchens Schicksal sein kann. Freud begann als »Minderheit, die einen Mann stark war«,[81] mit faustischem Drang, und er endete in Nikotinsucht und Krebs, umgeben von einer chaotisch faschistisierten Welt, in der die Hoffnung auf ein Transzendieren des Bürgertums hin zum Sozialismus zunächst zerronnen war. Scheinbar verdankte Freud alles nur sich selbst, so noch heute seine Adepten.[82] Aber dies ist ein Irrtum, betrachtet man die Geschichte der von ihm aufgenommenen Begriffe.

Freud war sein Leben lang von seiner tragischen Einzigartigkeit überzeugt. Seine Schüler sprechen von der Einbuße an Beziehung und der erlittenen Einsamkeit. In Wirklichkeit hat diese Situation nie bestanden: nicht erst seit 1902 fand er Anhänger und Gefährten, von Mutter, Frau und Kindern abgesehen. Am Schreibtisch revolierte er wie so viele Söhne gegen den Vater.

Aber die Rebellion, nicht zu Ende geführt, endet in Resignation und Verinnerlichung des Vaters: Der Tod des leiblichen Vaters gilt Freud das einschneidendste Erlebnis des erwachsenen Mannes; »alle Triebe (aber) sind durch den einen Wunsch befriedigt, sein eigener Vater zu sein«.

So wird die Erde zur selbstgebauten Falle, die zu Wünschen verführt, die nicht befriedigt werden können. Zurückzukehren, wiederzukehren im Vater ist nicht der Gang des Geschichtsverlaufs und nicht einmal das biologische Modell. Und Land wird nirgendwo sichtbar, wo es primär um alte Programme geht, wovon Israel 1974 ein düsteres Zeugnis gibt. Die Analyse, einmal begonnen, muß zu Ende geführt, die endliche Entmachtung des pater familias, das Ende aller Nachfolgerechte des *manus* gegen die Frau, der *patria potestas* (väterliche Gewalt), in dessen Bewußtsein der Staat noch heute sich Isolations- und Tötungsbefugnisse anmaßt, in einer Emanzipation und Rechtsfähigkeit *aller* aufgehoben werden – vollzogen ohne Bedauern und ohne Trauer.

2 Der Flug des Phantasos oder: Ästhetik und Psychoanalyse

(Vom Zufall und der Notwendigkeit)

»Tod und Liebe sind die Mythe der negativen Dialektik«; sie ist »der reißende Strom, der die Vielen und ihre Grenze zerbricht, der die selbständigen Gestalten umwirft, alles hinabsenkend in das eine Meer der Ewigkeit«, »der Tod, aber zugleich das Vehikel der Lebendigkeit«, »das innere einfache Licht, das durchdringende Auge der Liebe, die innnere Seele, die nicht erdrückt wird durch den Leib der materialistischen Zerspaltung, der innere Ort des Geistes« (Karl Marx 1839/40).[83]

Die Wirkungszusammenhänge zwischen Psychoanalyse und bildender Kunst sind ein Moment umwälzenden Geschichtsverlaufs. Das kollektive Netzwerk der Wissenschaft ist durch Vorläufer und Parallelen gekennzeichnet: der Automatismus findet sich bei Nietzsche, die Sexualsymbolik der Träume bei Stekel und anderen. Zugleich mit dem ersten umfassenden Werk Freuds, der *Traumdeutung* (1893–1900), ging die Entdeckung der Wellenphänomene, der Mikrobiologie, der neuen Physik einher; Okkultismus und esoterische Forschung erlebten eine neue Blüte. Die Kausalverflechtungen sind in ihrer historischen Totalität deshalb kaum zu ermitteln. Der Versuch, der gemacht wurde – Spectors *Freud und die Ästhetik* – zeigt die Gefahr einer Weitläufigkeit, die alles und jedes in Relation setzt und darin beliebig verfährt, wesentliche Probleme als »zu schwierig«[84] ausklammert, kursorisch in der Dokumentation des Materials bleibt und in der Abwesenheit neuer Kriterien die allgemeine Verwirrung nachhaltig fördert.

Außerhalb des Zusammenhangs von *Futurismus*, *Dadaismus* und *Surrealismus*, in dem sich entwickelte Technologie ästhetisch durchsetzt, und außerhalb der dynamischen Einflüsse politischer und sozialer Entwicklung – in Sonderheit der Wechselbeziehung

Surrealismus/Kommunismus – sind es 4 Komplexe, die für unser Thema von Interesse sind: (1) die *Traumtheorie* bzw. *Traumdeutung*, (2) der sogenannte *Automatismus* bzw. die *freie Assoziation*; (3) als philosophische Basis beider Komplexe Theorie und Praxis von *Zufall* und *Wahrscheinlichkeit;* – und – die Werbung beeinflussend – (4) die *Geschlechtsrollen* einer spezifisch bürgerlichen Entwicklung nach dem historischen Auszug des Mannes aus der Hauswirtschaft: sein vorläufiges Ende als Sexualobjekt und die Idolisierung der reduzierten, aus der Produktion verbannten bürgerlichen Frau.

(Die philosophische Basis): Der *objektive Zufall* ist bei Breton, dem Verfasser der surrealistischen Manifeste 1924 und 1930 die Vermittlung des *Zufälligen* mit dem *Notwendigen;*[85] im Anschluß an Engels und zum Teil Freud: »Form äußerer Notwendigkeit«. Der Zufall gilt als Kunde einer »geheimnisvollen Weise von Notwendigkeit, die sich zugleich dem Verständnis entzieht«.[86]

In der Nachfolge der Hegelschen *allgemeinen* Logik, die sich gegen eine verengte *formale* Logik der Widerspruchsfreiheit ausspricht, erscheint die *formal-rationalistische* Logik als das »Destruktive des Fortschritts«,[87] das in der Zunahme von Herrschaft, der Rationalität von Anfang an zugehörig, die Weltkatastrophe möglich gemacht hat. Kunst wird als Rückzug von zweckrationalem Denken und Handeln proklamiert, die linguistische Logik verneint, die auf Kosten des *Individuums* Sprache und Abbild nur als formal-logische »Maschinensprache« einer kodifizierten Grammatik zuläßt.

Für Breton und die Surrealisten tritt im Sinne der Wahrscheinlichkeitstheorie das Wirkliche in Form des *Zufälligen* und *Einzelnen* in Erscheinung. In einer »zufälligen« Verknüpfung von Unangemessenem, ja bislang Unvereinbarem erkannte er ein verborgenes »Wirkliches«. Das surrealistische Vorgehen sucht die Revolution des *Objektes* in dessen (wahrscheinlicher) *Möglichkeit;* man zeigt es in einem Zustand, in den es durch äußere Wirkungen (Feuer, Wasser usw.) versetzt wird; man isoliert es, weil über seine frühere Zugehörigkeit Zweifel bestehen.

Im *Futurismus* hatte sich die Entwicklung der Technologie als Bekenntnis zur zweiten, industriellen »Natur« entäußert. Boccioni, Carrà, Balla und Severini forderten die *dynamische Bewegung*, die Erweiterung des dreidimensionalen Raumes durch die Dimension der Zeit und die Aktivierung aller Sinne durch das Medium Kunst. In Negation des Verfestigten wurden die kategorialen Grenzen und Rangunterschiede zwischen den künstlerischen Gattungen, zwischen Architektur, Plastik und Malerei[88] aufgehoben und die Verwendung neuer Materialien vorgeschlagen: »In einem einzigen Werk kann Glas, Holz, Beton, Roßhaar, Leder, Stoff, Spiegel, elektrisches Licht usw. benutzt werden.«[89] Am Ende feierte man den Krieg als Kunstwerk, der all dies zustandebringt. Das eine aufnehmend, das andere verneinend, entwickelten die Dadaisten, »angewidert von den Schlachthäusern des Weltkrieges«, ihre Form des Widerspruchs und der Anarchie. »Freiheit: Dada, dada, dada, Gebrüll der verzerrten Farben, Vereinigung der Gegensätze und aller Widersprüche, des Grotesken und Inkonsequenten: DAS LEBEN« (Tzara) als permanente »unaufhörliche Revolution«.

Die bürgerliche Welt des Kapitals hatte sich inzwischen machtvoll restauriert. Als Breton sich vom Dadaismus lossagte, war dieser zu einer Sequenz bizarrer, gänzlich folgenloser Manifestationen geworden. Ohne Breton gäbe es keinen oder einen anderen Surrealismus. Der angehende Mediziner hatte 1921 Sigmund Freud in Wien besucht. Wien und der Dadaismus wirkten zunächst wie Feuer und Wasser aufeinander. Tzara hatte 1918 sein Urteil gefällt: die Psychoanalyse ist eine »gefährliche Krankheit, die die antirealen Tendenzen einschläfert.«[90] Breton revidierte diese Meinung: die *Traumdeutung* und das *assoziative* Monologisieren auf der Couch wurden als *heuristisches* Prinzip, als *Finden* neuer *Möglichkeiten* des *Wirklichen, Zu-Fallenden* gesehen.

Als künstlerische Stimulans war dies ein Moment des Dadaismus. Fast gleichzeitig bei Arp, Picasso, Duchamp und anderen, wurde es mit dem *Unbewußten*, später dem *Es* in eins gesetzt. Man sprach von der (unbewußten) Beredtheit des zugefallenen Objekts (lat. obiectum: Entgegengeworfenes, Zugefallenes). »Alles, was im Subjekt ist, ist im Objekt, und noch etwas mehr.«[91] Duchamp setzt den alltäglichen Flaschentrockner des französischen Haushalts, das Urinoir der öffentlichen Bedürfnisanstalt als Zufall und Objekt, was zugleich die symbolische Richtung angibt, die auf Freud verweist. Der handfeste Umgang mit den Gegenständen des täglichen Lebens offenbart mehr über das tägliche Leben und die Zivilisation als das künstliche Tafelbild. Das Auge wurde seiner »ursprünglichen Wildheit« (Breton) zurückgegeben, dem Objekt die Dimension von Zeit und Raum, von Sach- und vor allem *personellem Bezug*. – Mehr aber als Theorie und Worte sagen können und ganz außerhalb des für Sprache Erreichbaren, spricht die *Objekt-Kunst* für sich, d. h. für das *Objekt* als notwendiges Korrelat zum Subjekt des Produzenten.

Gleichsam als Korrektur zum Objektbegriff der Psychoanalyse sah der Berliner Dadaist Raoul Hausmann eine »Psychoanalyse des Gegenstandes«:[92] Der Gegenstand ist nicht tot. Das Ding ist etwas anderes als ein lebloser Haufen von sogenanntem totem Material. Dem Ding müsse »Lebenserscheinung« zuerkannt werden. Der Gegenstand erlangt durch seine Herauslösung aus dem zweckmäßig-pragmatischen Gebrauch, durch seine Struktur-Richtung in einem vierdimensionalen Raum eine eigene Bewegung. »Bisher hat sich der Mensch stets für den Herrn und Besitzer der Prothesen und Werkzeuge gehalten, ohne zu bedenken, daß sie nicht nur rohe, unbeseelte Materie sind.« Der Gegenstand hat eine Seele. »Hier wird zum erstenmal die Möglichkeit eines gewissen Grades von Psychismus des Gegenstandes dargestellt. Es ist unleugbar, daß Gegenstände sinnesmäßige und sinnliche Reaktionen von Vorliebe oder Abneigung hervorrufen.« Der Mensch ist der ewige Gefangene der Bedingungen, und seine Grenzen sind u. a. »unbewußt und zweideutig«. »Daher rühren auch alle Grenzen seines Psychismus, der nicht fähig ist, der Materie, die, nach ihm, nicht denken kann, organische oder seelische Ereignisse und Reaktionen anzuerkennen. Thales von Milet empfahl das berühmte Wort: 'Erkenne dich selbst'! Es bleibt immer der Trieb des Narziß, der sich in einer Wasserpfütze bewundert!« – Und ohne Wasserpfütze kein Narziß.

Operiert der Dadaist mit Begriffen wie Anti-Zufall – »Eine Tür kann zufallen, aber das ist kein Zufall, sondern ein bewußtes Erleben der Tür, die Tür, die Tür, der Tür« so Schwitters in *Lieschen* – so haben einige Surrealisten die Intention verkürzt und den Zufall analog C. G. Jung zu einer »Ordnung außerhalb der Kausalität«[93] destilliert. Antonin Artaud, der ab 1925 zunächst das ›Bureau de Récherches Surréalistes‹ leitete und später wegen »Kommerzialismus« aus der Gruppe ausgeschlossen wurde, will die Logik grundsätzlich verteufelt sehen. »Wir entstammen dem Innersten des Geistes, leben im Zentrum des Hirns. Deshalb überantworten wir Ideen, Logik, Ordnung, Wahrheit, Vernunft dem Nichtsein des Todes. Wehe Eurer Logik, Ihr Herren! Seht Euch mit Eurer Logik vor!«[94] Sich vom Zwang der Logik zu lösen, beinhaltet zugleich den Versuch einer Loslösung von der sozialen Ordnung. In unhaltbaren Alternativen glaubten Artaud und andere, ein durchgängiger Relativismus sei mit der »Unhaltbarkeit des Begriffs der Kausalität« identisch, die »Allmacht des Unbewußten« hätte Logik und Determinismus zu Fall gebracht ... Nur lehrt die Relativitätstheorie nicht die Relativität der Lichtgeschwindigkeit, noch ist die Theorie des *Zufalls* eine Widerlegung der *Kausalität*. Man mag manchen Surrealisten zugutehalten, daß die Dinge erst in jenen Jahrzehnten in Fluß kamen: Erst gegen Ende des 19. Jahrhunderts entstand die *statistische* Konzeption der *Wahrscheinlichkeit* bzw. des Zufalls, die heute populär und Teil allgemeinen Bewußtseins ist. Und erst in unseren Tagen wurden diese Erkenntnisse lexikalisch, d. h. für alle erreichbar.

Die große Problematik jener Jahrzehnte bewegte sich zwischen den Begriffen *Notwendigkeit / Zufall, Wahrscheinlichkeit / Notwendigkeit, Determiniertheit / Indeterminiertheit, Logik* und *Dialektik*. Da die Probleme philosophisch noch weithin ungelöst oder auch unklar scheinen, die begriffliche Klarheit über den *Zufall* für unser Thema – und für die kunstwissenschaftliche Betrachtung des Surrealismus aber von Wichtigkeit ist, einige begriffshistorische Anmerkungen, wobei wir etwas ausholen:[95]

(Exkurs) Bei Kant entspricht *Zufall* bzw. *Wahrscheinlichkeit* dem unzureichenden Grund in Abgrenzung zum gesicherten Wissen über logisch faßbare Wirklichkeit. Leibniz definiert Wahrscheinlichkeit als *Maß* unseres Wissens. Hegel setzt sie gegen Wahrheit ab. Bis ins 19. Jahrhundert war die *Dialektik, soweit* sie von *Logik* abgegrenzt war, eine Theorie der Wahrscheinlichkeit *(Probabilitas)*. Seit Pascal ist die Wahrscheinlichkeitstheorie eine Theorie der Glücksspiele. Im Unterschied zur Mechanik gingen nicht-mechanische Elemente in sie ein: Zufall insofern, als es für eine Erscheinung usw. keine eindeutig meßbaren oder erkennbaren Ursachen gab oder aber das subjektive Element des Spielers relevant wurde. Der Mathematiker und Statistiker T. Bayes (geb. 1702) fragte als erster nach der Wahrscheinlichkeit für die Richtigkeit einer Hypothese und lehrte, daß bei fehlender Kenntnis der Wahrscheinlichkeit alle Hypothesen gleich wahrscheinlich sind. Laplace faßte in seiner analytischen Theorie ›Des probabilités‹ und in seinem ›Essay‹ 1814 Aufgaben und Methode der Wahrscheinlichkeitsrechnung zusammen. Seitdem findet die statistische Theorie induktiver Logik Anwendung auf Gesellschafts- und Naturwissenschaft bzw. deren Untersuchungsobjekte. Die Entwicklung von der griechischen Frühzeit bis zum Ausgang des 19. Jahrhunderts konnte man unter dem Gesichtspunkt der Mechanisierung des Weltbildes sehen. Dieser Glaube ist seit den Entdeckungen der Quantentheorie vernichtet. Bei Hegel z. T. vorweggenommen, ist die alte Dialektik der Probabilia, der Möglichkeit, erneut in ihre Rechte eingesetzt.

Die Wahrscheinlichkeitstheorie als *Maß*-Theorie für *Möglichkeiten* teilt man heute in drei Kategorien: 1. Bestimmung im vorhinein; 2. Messen der Häufigkeit danach (beides scheint *objektiver* Natur) und 3. *subjektive* Bestimmung (etwa bei Wetten). Ein Würfel mit 6 Zahlen hat eine Wahrscheinlichkeit a priori (davor): würde man tausendmal würfeln und zöge die Summe relativer Häufigkeiten, hätte man die Wahrscheinlichkeit a posteriori (danach). *Subjektive* Wahrscheinlichkeit ist die eines Beobachters, Experimentators bzw. Wettspielers: er erwartet den Eintritt eines Ereignisses entsprechend (rückgekoppelter) Erfahrung.

Die statistische apriorische Wahrscheinlichkeit ist am wenigsten umstritten; am stärksten dagegen die *subjektive Wahrscheinlichkeit:* sie beruht auf Erfahrung, Intuition und subjektiver Bereitschaft, auf ein bestimmtes Ereignis (eine bestimmte Qualität) zu wetten (als Wahrscheinlichkeit des betreffenden Ereignisses). So entziehen sich besondere Konfliktsituationen der Logik der Zufallshäufung und der entsprechenden a-priorischen Wahrscheinlichkeit, weil der Überraschungseffekt ein Moment des Spiels, Wettbewerbs usw. darstellt. Dies legt eine Entscheidungstheorie für den Bereich aller Spiele – militärischer, wirtschaftlicher usw. – nahe. Daß unter den drei Meßmethoden bislang nur die erste die *logische* heißt, meint eine axiomatische *formale* Logik. *Logik* im umfassenden Sinn hat der *Zufall* an sich; d. h. *logisch* sind alle drei Verfahren, die auch mathematisch expliziert sind.

Die Wahrscheinlichkeitstheorie hat mit Hans Reichenbach, der 1916 über den ›Begriff der Wahrscheinlichkeit für die mathematische Darstellung der Wirklichkeit‹ in Leipzig promovierte, eine Ausdehnung auf die Aussagenlogik gefunden, wonach Aussagen weder *wahr* noch *falsch*, sondern nur mehr oder weniger *wahrscheinlich* sind. Dies verabsolutierend, dehnte er die n-wertige (d. h. nicht-zweiwertige JA / NEIN bzw. WAHR / FALSCH-)Logik auf erkenntnistheoretische Probleme wie Kausalität, Raum und Zeit usw. aus: danach gibt es keine objektiv kausalen Zusammenhänge, sondern nur noch indeterministisch verstandene (d. h. nicht-festgelegte) Wahrscheinlichkeitsbeziehungen. Reichenbachs *Wahrscheinlichkeitslehre* mit unendlich vielen Wahrheitswerten im abgeschlossenen Intervall 0 bis 1 – analog der statistischen Wahrscheinlichkeit, wo die relative Häufigkeit bis auf 0 sinkt, wenn ein bestimmtes Ergebnis überhaupt nicht vorkommt, und bis auf 1 steigt, wenn ein Ergebnis stets vorkommt – ist als Logikkalkül zu verstehen: Jeder Wahrheitswert ist dann Grenzwert der relativen Häufigkeit, mit der die Aussagen einer bestimmten Aussagenfolge *wahr* sind. In solcher *Theorie des Zufalls* wäre die Theorie eindeutig determinierter Funktionen ein Sonderfall. Aber dies ist zunächst nicht mehr als eine kühne Analogie zur Relativitätstheorie, in der ihrerseits die mechanische Physik »aufgehoben« ist, eingeschränkt auf die ihr zukommenden Fälle.

Nun ist aber die *Wahrscheinlichkeit* lediglich ein abgeleitetes Moment der Kategorie *Möglichkeit*, und zwar deren *quantitatives Maß*. Die Wahrscheinlichkeit eines Ereignisses gibt den *Grad* der *Möglichkeit* an, mit dem dieses Ereignis *Wirklichkeit* werden kann. Die *Möglichkeit* ist vorweggenommene *Wirklichkeit*, quasi ihr Traum, und jene zeigt lediglich ihre dialektische Bewegung. Weder die »logische« noch die statistische Wahrscheinlichkeit sind die einzigen Maßverfahren von Möglichkeit, vielmehr sind beides zunächst Modelle, die Sachverhalte z. B. von Vererbungszusammenhängen, durchschnittlichen Vorkommens endlicher Fälle usw. wiedergeben. *Eindeutig* berechenbare Dinge und Sachverhalte, die z. B. nach dem Fallgesetz o. ä. ablaufen, nach schlüssiger zweiwertiger Logik usw., sind *nicht* zufällig bzw. nicht indeterministisch (es sei denn, die Wahrscheinlichkeit sei hier rundweg 1, was Zufall ausschließt). Angesichts eines Ereignisses, wie kompliziert oder unüberschaubar es immer sich darbietet, hegen wir nicht den geringsten Zweifel, daß die zahlreichen Einflüsse durchaus normale, irdische Kräfte sind, und daß nicht irgendein übernatürliches Wirken im Spiel ist. Und nur dort, wo wir die Einflüsse nicht bis ins letzte hinein verfolgen, d. h. messen können, nur dort, »wo eine Vielzahl von Einflüssen in einem komplexen Zusammenhang auf das Geschehen einwirkt, nur dort müssen wir uns mit Wahrscheinlichkeit begnügen.«[96] Da *wirkliche* Systeme bzw. deren Ausgangsgrößen, Wechselbeziehungen usw. nicht hinreichend meßbar, also *zufällig* bzw. *stochastisch* sind, können sie stets nur mit mehr oder weniger großer Genauigkeit als *determiniert* betrachtet werden; nie aber auch als gänzlich *indeterminiert*; vielmehr ist hier der *Zufall* als »Störung« des *bestimmten* Systems. Gleichsam in Anwendung solcher Erkenntnis haben die Surrealisten die *Möglichkeit* eines Objekts untersucht, indem sie es aus dem momentanen, *wirklichen* Zusammenhang gerissen, es »gestört« und in *mögliche* Zusammenhänge gestellt haben. Sie haben das Objekt im Modellbereich studiert, sein Verhalten unter wechselnden Voraussetzungen im Medium der Kunst simuliert. Diese Möglichkeitsebene ist von der *Wirklichkeit* – gleichsam als »Traum« der Wirklichkeit – abgehoben.

Die *Wahrscheinlichkeitstheorie* ist so ein *Abbild*-Moment der umfassenden *Kausalität* (verstanden als Dialektik von Deterministischem und In-Deterministischem) und oft nur eine Vorstufe eindeutigen Wissens (statistische Einkreisung von Massephänomenen); das gilt *auch* für historische Prozesse, etwa den Übergang der Institutionen von bürgerlichen in sozialistische Zustände usw. Unter dem Einfluß der Naturwissenschaften ist in den Gesellschaftswissenschaften einschließlich Philosophie die Vorstellung entstanden, daß alles, was in der Welt geschieht – auch menschliche Handlungen – durch unabänderliche Naturgesetze bestimmt seien. Kausale Determinierung und Willensfreiheit, d. h. *subjektive* Wahrscheinlichkeit und Möglichkeit, *entscheidend* und verantwortlich zu handeln, war immer ein Problem, und Spinoza setzte in diesem Prozeß die Notwendigkeit als Gegensatz zur Zufälligkeit als einzige und eigentliche Freiheit, wogegen Descartes und Leibniz die Zukunft als determiniert und mit Zufälligkeit keineswegs unverträglich erklärten. Auch für Kant ist *Freiheit* und *Kausalität* kein Widerspruch. Hegel und Marx setzten – in Ablehnung eines starren Determinismus – einen *dialektischen Determinismus,* der Zufälligkeit miteinschließt. Es fügt sich in unseren bisherigen Zusammenhang, daß Schopenhauer jeden Determinismus rigoros ablehnte und die Welt zu einem »Spiel mit Puppen« machte, welche Position in Adornos Begriff des *Nicht-Identischen* erneut erscheint. Während solche Philosophie den Begriff der *Möglichkeit* gegen einen mechanischen und auch dialektischen Determinismus radikal ausspielt, präsentiert Freud zunächst einen neurologisch-biologischen Determinismus des Unbewußten, später einen Trieb-Determinismus.

Das Adornosche Nicht-Identische korrespondiert mit einer Verabsolutierung des ES-Begriffs (»leben, als sei man ein Tier gewesen«) bei gleichzeitiger *Negation* des Determinismus, parallel zu dem Heisenbergschen Versuch, aufgrund der Einwirkung des Meßprozesses auf das Objekt das Kausalprinzip anzuzweifeln. Demgegenüber setzt Planck, mit Einstein der Meinung, daß alle statistischen Gesetze auf deterministische zurückzuführen seien, zwischen Erfahrung und Realität den Begriff des Modells als »physikalisches Weltbild«.[97]

Aus Gründen der prinzipiellen Meßungenauigkeit läßt sich festmachen, daß eine durchgehende Determiniertheit der Welt weder bewiesen noch widerlegt ist, was die dialektische Determiniertheit als Einheit von Notwendigkeit und Zufall nicht ausschließt; wohl aber das anarchistische Prinzip der Frankfurter Schule: nämlich durchgängigen Indeterminismus anzunehmen. Die Negative Dialektik und die daraus entwickelte Kunstästhetik, die all dies Notwendige und Wirkliche flieht, ist, um mit den Dadaisten zu reden, ein Loch im Nichts.

Die Meinung Nietzsches, die anerkannte Identität der Dinge sei reine Konvention und ein Hindernis für schöpferische Arbeit, ist bei Adorno zur surrealistischen Ästhetik des ausschließlich Einzelnen stilisiert. Für Breton sind Objekte vornehmlich geeignet, »das Verbot zu lüften, das aus der zermürbenden Wiederholung der uns täglich umgebenden Gegenstände erwächst (...). Hier wie sonst muß das scheußliche Tier *Gewohnheit* gejagt werden.«[98] Das besagt nicht, daß das *Wohnen* der Gewohnheit nicht zunächst vorgefunden ist und im Wiederholungszwang des permanent Identischen, der »Wiederkehr des Gleichen«, Herrschaft ausübt, insofern pragmatische *Notwendigkeit* in sich hat. Es hat die mit sich entzweite Einheit vergessen als eine *Identität*, die den Unterschied als *Widerspruch* immer in sich trägt. Dialektik des Identischen und Verschiedenen heißt, daß ein Objekt bzw. Sachverhalt einem anderen in mindestens *einer* Beziehung identisch, in einer anderen voneinander *verschieden* ist. In der Berufung der neueren Psychoanalyse auf die *Kritische Theorie* als die des *kritischen Subjekts* bleibt unbemerkt, daß in der Philosophie Adornos der Begriff des Nicht-Identischen Freud widerspricht.

Dialektik aber, immer negative und positive, zeigt, wie Gegenstände identisch, d. h. äquivalent sein und werden können oder nicht, und wie all dies sich ineinander bewegt und verwandelt, und zwar nicht in einer Beliebigkeit, sondern nach aufzeigbaren, im empirisch-meßbaren Erfassen eingrenzbaren Gesetzen objektiver Wahrscheinlichkeit bzw. Möglichkeit.

Soviel zu dieser etwas komplexen Problematik, die sich vor dem psychoanalytisch-surrealistischen Zufalls-Begriff auftut. Die Begriffe *Zufall* gegen *Kausalität* auszuspielen ist ebenso falsch wie die *Wahrscheinlichkeitstheorie* alternativ gegenüber *Dialektik* abzuheben.[99] Unser heutiger Wissensstand verbietet uns, Literatur und Malerei nach den Kategorien des deutschen Idealismus bzw. der Philosophie des Surrealismus zu beurteilen, als welche sich die *Kritische Theorie* insgeheim begreift.

(Der Traum als Möglichkeit des Wirklichen)

> »Mein Traum / konfuses Labyrinth
> Schwarzer Sterne / Meine Illusion bricht entzwei
> Fast wie Verfaultes« (Lorca).

Daß sich im Traum »ein uraltes Stück Menschentum fortübt, zu dem man auf direktem Wege kaum mehr gelangen kann«,[100] daß man im Traum jene Wege wandelt, »die einst in alten Kulturperioden die ganze Menschheit begangen hat«, war Nietzsches bzw. Freuds Überzeugung. Und nicht wenige romantische Dichter waren davon überzeugt, daß die Erzeugnisse ihrer Einbildungskraft nicht bloße subjektive Phantasien seien. Die Volkskunde hat mit Grimms Märchen und Sagen solches 'Menschentum' vorweggenommen und gesammelt. Wir bewerten den Traum dazu *gegensätzlich* als *zufallende Möglichkeit* des Wahrscheinlichen, was die Aufarbeitung des Gewesenen zwar nicht ausschließt, aber Vergangenheit im Sinne einer aufzuhebenden und meist schlechten, weil naturwüchsigen Wirklichkeit deutet. Ist die Psychoanalyse ausschließlich rückwärtsgewandt, der Zukunft die Vergangenheit überstülpend, so denken wir eher vom Futurologischen her: der Mensch als ultrastabiles, lernendes System, der Traum als Spielfeld kommender Problemlösung.

Es ist nicht zu übersehen, daß der Traum als Erkenntnismittel von Sigmund Freud zum erstenmal klassifiziert und systematisiert worden ist. »Die Hauptergebnisse« seiner Untersuchung besagten: »Der Traum ist ein vollwichtiger psychischer Akt; seine Triebkraft ist alle Male ein zu erfüllender Wunsch; seine Unkenntlichkeit als Wunsch und seine vielen Sonderbarkeiten und Absurditäten rühren von dem Einfluß der psychischen Zensur her, den er bei der Bildung erfahren hat; außer der Nötigung, sich dieser Zensur zu entziehen, haben bei seiner Bildung mitgewirkt eine Nötigung zur Verdichtung des psychischen Materials, eine Rücksicht auf Darstellbarkeit in Sinnesbildern und – wenn auch nicht regelmäßig – eine Rücksicht auf ein rationelles und intelligibles Äußere des Traumgebildes. Von jedem dieser Sätze führt der Weg weiter zu psychologischen Postulaten und Mutmaßungen; die gegenseitige Beziehung des Wunschmotivs und der vier Bedingungen, sowie dieser untereinander, ist zu untersuchen; der Traum ist in den Zusammenhang des Seelenlebens einzureihen.«[101] Die vier Bedingungen also sind: Nötigung, sich der Zensur zu entziehen; Nötigung zur Verdichtung des Materials; Rücksicht auf Darstellbarkeit in Sinnesbildern; und zum Teil rationales und intelligibles Äußeres, das die Umwandlung in Sinnesbilder nicht mitgemacht hat.

Neben der umfassenden Definition *Traum als Wunscherfüllung* unterscheidet Freud zwei Ebenen, zwischen denen sich die vier »Bedingungen« gesetzlich, will sagen: logisch abspielen: »*Traumgedanken* und *Trauminhalt* liegen vor uns wie zwei Darstellungen desselben Inhalts in zwei verschiedenen Sprachen, oder besser gesagt, der Traum*inhalt* erscheint uns als eine Übertragung der Traum*gedanken* in eine andere Ausdrucksweise, deren Zeichen und Fügungsgesetze wir durch die Vergleichung von Original und Übersetzung kennenlernen sollen. Die Traumgedanken sind uns ohne weiteres« – d. h. umgangssprachlich »verständlich, sobald wir sie erfahren haben. Der Traum*inhalt* ist gleichsam in einer *Bilderschrift* gegeben, deren *Zeichen* einzeln in die Sprache der Traum*gedanken* zu übertragen sind. Man würde offenbar in die Irre geführt, wenn man diese Zeichen nach ihrem *Bilderwert* anstatt nach ihrer *Zeichenbeziehung* lesen wollte (. . .) Ich habe etwa ein Bilderrätsel (Rebus) vor mir: ein Haus, auf dessen Dach ein Boot zu sehen ist, dann ein einzelner

Buchstabe, dann eine laufende Figur, deren Kopf wegapostrophiert ist u. dgl. Ich könnte nun in die Kritik verfallen, diese Zusammenstellung und deren Bestandteile für unsinnig zu erklären. Ein Boot gehört nicht auf das Dach eines Hauses, und eine Person ohne Kopf kann nicht laufen.« Und doch ist all dies logisch im Sinne einer psycho-medialen »Verarbeitungsanlage«, als welche wir den Traum ansehen.

Traumbild (= manifester Traum) wird bei Freud also von *Traumgedanken (= latenter Traum)* unterschieden. Dabei ist Freud fahrlässig in der Wahl seiner Begriffe für die beiden Ebenen. Der 'eigentliche' *(manifeste)* Traum ist bei ihm meist »Trauminhalt« oder »Traumbild«: fragwürdig, weil der Traum an sich nicht nur *inhaltlicher* Natur ist, sondern alle Kategorien eines zeichentheoretischen Modells aufweist; also – quasi als sich abspulender Film – *inhaltliche* (semantische, bedeutungsmäßige), *formale, pragmatische, geschichtliche* und *wirkliche* (bzw. sigmatische) Momente hat. Vorstellungsinhalte bzw. (Traum-)Gedanken werden zwar meistens »in sinnliche Bilder umgegossen«,[102] d. h. Traum = Bild – als dritte »Bedingung«; aber Freud erläutert auch, inwiefern im Traum selbst (4. Kategorie) Sprache und Sprachreste usw. – ähnlich den Wortfetzen bei Max Ernst oder Kurt Schwitters – erscheinen. Man kann vom *manifesten Traum* also nicht als ausschließlichem »Traum*bild*« sprechen. Ähnlich ungenau präsentiert sich die Ebene des »Traumgedankens«, der »materiellen« Ebene der Traumarbeit. Der *latente Traum = Traumgedanke* ist schlichtweg alles, was der *manifeste Traum an sich nicht* ist: die ganze Skala der Traumdeutung einschließend, die ganze Allegoriemaschinerie, die die Umsetzung der nur (*bewußt, vor-* oder *unbewußt*) gedachten Allegorie ins sinnliche Bild des manifesten Traums zustandebringt. – Und da im *psychoanalytischen Modell* die Kategorien der *Sigmatik* (= Wirklichkeitsmodell des Objektiven, wirkliche Widersprüche usw.) und die der *Geschichte* generell fehlen, Geschichte vielmehr als *Natur* erscheint, so ist auch die Grunddefinition: *Traum ist Wunscherfüllung,* in Zweifel zu ziehen. Freud rationalisiert unsere These »Traum realisiert *Möglichkeit*« insofern, als er wohl erkennt, daß der Traum nicht im Optativ

(Wunschform) erscheint, sondern in der Zeitform des Präsens, aber zugleich meint, er erschiene eben hier, weil der Wunsch »als erfüllt dargestellt wird«.[103]

Den düsteren Irrgarten der Traumdeutung des 19. Jahrhunderts, ja der bisherigen Geschichte ausgeschritten zu haben, sieht Freud als dialektisches Verdienst im Sinne der *Aufhebung*: »Durch das Neue in unserer Traumlehre wie durch eine höhere Einheit zusammengehalten, finden wir also die verschiedenartigsten und widersprechenden Ergebnisse der Autoren unserem Gebäude eingefügt, manche derselben anders gewendet, nur wenige gänzlich verworfen.«[104] Gleichwohl ist die »Traumdeutung« (1900 erschienen und verschiedentlich ergänzt), Freuds erste große und überhaupt umfassendste Arbeit, ein Torso geblieben, insofern er die »ungelösten Probleme«, »welche sich an den Begriff des Symbols knüpfen«, für unentwirrbar hält, in welche Lücke sich das verdinglichte Symboldenken der Jung-Schule eingenistet hat, die heute allerorten massenkommunikatorisch nachwirkt, wo es um den Symbolhaushalt nicht nur der Kinderstube, ihrer Comics, Märchen und sonstigen Literaturen – um den Begriff Trivialliteratur zu meiden – geht. Freud bleibt zunächst konsequent auf der Linie der Individualpsychologie, wenn er sagt: »Wir sind im allgemeinen nicht imstande, den Traum eines anderen zu deuten, wenn derselbe uns nicht die hinter dem Trauminhalt stehenden unbewußten Gedanken ausliefern will, und dadurch wird die praktische Verwertbarkeit unserer Methode der Traumdeutung schwer beeinträchtigt.«[105] 1925 schränkt er diesen an sich progressiven Satz durch einen Zusatz wieder ein: »Der Satz, daß unsere Methode der Traumdeutung unanwendbar wird, wenn wir nicht über das Assoziationsmaterial des Träumers verfügen, fordert die Ergänzung, daß unsere Deutungsarbeit in einem Falle von diesen Assoziationen unabhängig ist, nämlich dann, wenn der Träumer *symbolische* Elemente im Trauminhalt verwendet hat. Wir bedienen uns dann, strenggenommen, einer zweiten, *auxiliären* Methode der Traumdeutung.« (Auxiliärkraft = Hilfskraft) Freud spricht darüber hinaus noch von »typischen Träumen«, bei deren Deutung »in der Regel die Einfälle des Träumers, die uns sonst zum

Verständnis des Traumes geleitet haben«, versagen oder unklar und unzureichend bleiben. Von hier aus kommt es dann unter Hinweis auf viele Einschränkungen zu der berüchtigten Liste, die heute, in einem Zeitalter ohne Viktorianismus und individuell zum Teil aufgehobener Sexualverdrängung, völlig nutzlos geworden ist, so sehr sie auf veraltetes, sozusagen »hintervötzisches« Bewußtsein und entsprechende Literaturen zutreffen mag. (Freud): »Alle in die Länge reichenden Objekte, Stöcke, Baumstämme, Schirme (des der Erektion vergleichbaren Aufspannens wegen!), alle länglichen und scharfen Waffen: Messer, Dolche, Piken, wollen das männliche Glied vertreten. Ein häufiges, nicht recht verständliches Symbol desselben ist die Nagelfeile (des Reibens und Schabens wegen?). – Dosen, Schachteln, Kästen, Schränke, Öfen entsprechen dem Frauenleib, aber auch Höhlen, Schiffe und alle Arten von Gefäßen. Zimmer im Traume sind zumeist Frauenzimmer, die Schilderung ihrer verschiedenen Eingänge und Ausgänge ...«[106] usw., usw. Dies alles mag bei verdrängter Sexualität Bedeutung haben, ist aber irrelevant für die proletarischen Schichten der aufkommenden Industrie.

Im Laufe, da Freud die obige Liste vervollständigte, realisierte er sein drittes Analysemodell, was sich in der »Traumdeutung« ankündigt: »Der Mechanismus der Traumbildung wird überhaupt weit durchsichtiger, wenn man anstatt des Gegensatzes von 'bewußt' und 'unbewußt' den von 'Ich' und 'Verdrängt' einsetzt.« Die Verdichtungsarbeit und Kompression *hinter* dem Traumbild, den versteckten Gedanken suchte er mit Fuchs *(Sittengeschichte)* und anderem volkskundlichem Material zu belegen; so wenn der Mönch in der heiligen Versuchung das ganz unheilige »Weib« am Kreuz, stellvertretend für die homophile Projektion des totemistischen Gottes, erkennt, oder aber die tagträumende Frau das Christentums bzw. dessen durch Legende gesicherten Begründers als Pils- und Phallussymbol »erkennt«, als welches es manche Theologen schon immer nachzuweisen versucht haben.[107] Fraglos bleiben die Surrealisten hinter solchen Bildanalysen – gerade dieses Motiv betreffend – zurück.

a L. Beose

Mit dem Schwinden der Bedingungen kann man nicht mehr alttestamentarisch mit dem *Lied Salomons* vom »Weinberg« des Herren (= Vagina) reden (und träumen), weil mit der Verfügung und Freiheit der Sexualität bei Kindern und Erwachsenen die also verfestigten Symbole der Volkskunde und Mythologie nicht mehr stimmig sind. Kurzum: An der individuellen Ermittlung führt kein Weg vorbei, zumal uns die Ergebnisse der Forschung, denken wir etwa an die beliebige Austauschbarkeit der Symbole in den zahlreichen Varianten eines Märchenkreises – der Wolf in *Rotkäppchen* ist auch Sau, Igel, Mann, Kröte, Maus,[108] die Geschlechter verdreht usw. – und die daraus beliebige Verwandlung und »Verschiebung« der Traumsymbole stutzig machen. Der Widerspruch zwischen fixer, ein für allemal festgelegter *Zuordnung* von *Symbol* bzw. *Zeichen* und *konkretem Objekt* (bzw. Sachverhalt) und der Wahrscheinlichkeit, daß solche Zuordnungen in ständiger Wandlung sind, erkennbar in Einzelanalysen, ist von Freud als zentrales sozialpsychologisches Problem von Traumdeutung, Kunst, Literatur und öffentlichem Symbolhaushalt der Messenmedien später nicht mehr reflektiert worden. Auch hier ein Unterschied zwischen frühem (radikalem) und spätem (kulturpessimistischem) Freud. Die Verdinglichung fixer Zuordnung in Form der Art der Archetypenlehre macht nicht nur die hingeschluderten Traumbücher der Warenhäuser so ungenießbar. Ähnlich zu bewerten sind die phallischen Krawatten bei Breton, die Penis-Nasen bei Dali (die sich – sozialkritisch – bereits bei Goya finden), die Knochen bei Tanguy, das fetischisierte Haar bei Fini, Oppenheim u. a., die Sexualität der Vögel bei Ernst, der zwanghafte Busenfetischismus bei Delvaux, Bellmer u. a. Museale Manifestationen einer bereits im Umbruch befindlichen Zeit, in der – sagen wir es symbolisch – Dichtung nicht mehr von den Genitalien hervorgebracht wird, Kunst nicht mehr nur sublimiertes Spiel der Sexualität mit dem Gehirn ist und das Gehirn nicht mehr nur »Testikeln ähnelt«.[109]

◁ M. van Maele, The Satyrical Drawings, New York 1970; ein ähnliches Motiv von F. Rops (Eine Maria Magdalena) in E. Fuchs, Illustrierte Sittengeschichte, Ergänzungsband***, München o. J. (ca. 1911)

Ausschnitte aus Goya, Caricatura alegre (Aus dem Madrider Skizzenbuch), 1796/97 und Salvador Dali, Die brennende Giraffe, ca. 1935

Es ist kaum möglich, hier mehr als eine kritische Andeutung zum Wesentlichen der *Traumdeutung* zu geben, die langatmig und zäh ist wie ein russischer Roman, detailreich wie eine volkskundliche Literaturgeschichte und zum Ende hin systematisch wie ein Lehrbuch. Torso ist nicht nur dieses ständig ergänzte Werk, Torso ist vielmehr die ganze Traumdeutung der heutigen Psychoanalyse geblieben. Es weiterzuführen, bedürfte es nichts weniger als eines Forschungsinstituts, das Träume und Traumliteraturen sorgfältig dokumentiert und weitläufige Theorie- und Methodenbildung veranlaßt. – Die Traumtheorie Freuds hat bis heute nicht die notwendige wissenschaftliche Aufmerksamkeit gefunden, was den systemtheoretischen Ansatz und die aufgeworfenen logischen und semantischen Probleme betrifft, die Freud zwischen den beiden Ebenen des *manifesten Traums* und seiner *»Verarbeitungsanlage« (Traumgedanken)* ausgemacht hat. Dabei geht es um grundsätzliche und differenzierte und bei Freud in zäher Detailarbeit dargestellte Beziehungen, die auf die *Logik der Sprachentstehung*, auf die Probleme des *Utopischen* und der *Phantasie* und vieles andere ein erhellendes Licht werfen. So zeigt Freud – um nur zwei willkürliche Beispiele herauszugreifen –, daß der Traum keine unterschiedene Aussagenkalküle bzw. »Worte« hat, um Endpunkte der Skala zweier Extreme auszudrücken, sondern daß der Gegensatz an seinem äußersten Ende nicht nur in seinen Gegensatz umschlägt, sondern mit ihm vorstellungsmäßig usw. *identisch* ist bzw. dasselbe Wort hat. Er zeigt das Verfahren der *Konjunktion* (*Und*-Verbindung) *Form/Inhalt*, zu dem der Traum bei Darstellung von *Widersprüchen* Zuflucht nimmt, weil er nur bedingt Negationen auf gleicher Ebene darstellen kann (d. h. daß die *Negation* eines *Inhalts formal* gelöst wird *oder* umgekehrt). Dinge, die wir heute mittels kybernetisch-logischen *Begriffen – Negation, Identität, Äquivalenz, Alternative, Implikation* usw. – und den dazugehörigen Zeichen erfassen können, sofern wir die Kategorien und Ebenen, auf denen sich die Traumarbeit und ihre Verdichtungs- usw. – Symbolik bzw. Bildproduktion abspielen und die Unterschiede in den Qualitäten wie auch die Widersprüche in dem, was auf uns zukommt, erkenntniskritisch entfalten.

(Der Traum der bildenden Kunst)

> »Und Loplop, der Oberste der Vögel, machte sich zum Fleisch ohne Fleisch und wohnte unter uns – Sein Lächeln ist von nüchterner Eleganz – Seine Waffe wird Trunkenheit, sein Biß Feuer sein – Sein Blick wird geradewegs in die Trümmer der ausgetrockneten Städte dringen – Verwirrung, meine Schwester, la femme 100 têtes, die schön und allein mit ihren Träumen geschmückt auf ihrer Geisterkugel lebt. – Jede blutige Unruhe bringt sie zum Leben voll der Gnade und der Wahrheit – Ihr Lächeln, das Feuer, wird als schwarzes Gelee und weißer Rost auf die Flanken der Berge fallen – Ihre Geisterkugel wird uns wiederfinden – Auf allen Stufen« (Max Ernst).

Die *Traum-Malerei* der Surrealisten hat vielfältige Wurzeln – und nicht jede Traum-Malerei kann mit Freud belegt werden. Kubin arbeitete ganz abseits davon und lieferte theoretisch bislang unzulänglich beschriebene Beiträge. Über die frühen Graphiken Klees schrieb die Berner Rundschau von 1906 als von »wahnsinnigen Anomalien«: »Der wüsteste Traum kann so etwas nicht ersinnen ...« In der Kunstgeschichte lassen sich vielfältige Traum-Malereien nachweisen, wovon die bekanntesten Breughel und Hieronymus Bosch sind, eher eine Chronik des Alptraums und der Nekrophilie begründend. Für die Surrealisten am wichtigsten aber waren die Bilder des frühen Chirico, der sich wiederum auf Böcklins *Toteninsel* (1880) und den scheinbar unvermeidlichen Nietzsche beruft. Chirico: versuchen, das »heftige, mysteriöse Gefühl auszudrücken, das ich bei Nietzsche entdeckt hatte.«[111] Auf Böcklins *Trauminsel* mischt sich Traum und Todeswunsch. Während ein Gewitter über einem schweigenden, schwarzen Meer aufsteigt, legt ein Boot an einer Insel an, auf der Trauerzypressen den Steilhang voller Grabhöhlen bewachen. Das Boot trägt ein bleiches Phantom, das sich am Heck aufrichtet: eine wesenlose Gestalt – Beklemmung, als Dauer festgehalten – auf der Schwelle des Jenseits. Dabei ist jedes Detail im Bild – die hohen Zypressen, die Steine im dunklen Wasser, der Himmel – klar konturiert. Die Insel erscheint wie eine Kulisse des toten, unsichtbaren und doch redenden Christus eines Jean Paul. Aber als Bild eines fatal Resignierten, der für immer ein Gebäude bewohnt, das von einer geheimen Krankheit befallen ist.

Die Verwirrung des Zeitbegriffs trieb Chirico vollends auf die Spitze. In *Rätsel der Stunde* (1911) ist der Bahnhof zu jener toten Uhr geronnen, die Dali ein Leben lang malte und Ingmar Bergmann zu einem Todes-Alptraum in *Wilde Erdbeeren* verarbeitete: einer der vollkommensten Traumdarstellungen der Filmgeschichte. Aber ist in *Rätsel der Stunde* noch eine geradezu lebendige Figur der herrschaftlichen Architektur konfrontiert, so bleiben am Ende der Chiricoschen Bildsequenzen nur noch Mannequins: den Toten ein letztes rituelles Spiel, in dem sie den Raum gewinnen – die Lebenden gleichsam zu den eigentlichen Toten erklärend –, in die Zeit des Morgengrauens versetzt: der letzten Phase von Traum und Schlaf, da die Gipfel fahl werden und den Blumen die Schwärze nehmen. »Die Krähen schrein / Und ziehen schwirren Flugs zur Stadt (...) Die Welt – ein Tor / Zu tausend Wüsten stumm und kalt! (...) Flieg, Vogel, schnarr / Dein Lied im Wüstenvogel-Ton! –« (Nietzsche)[112]

Dies sei eingeschoben, wenn von der Bedeutung der Traumtheorie für den Surrealismus die Rede ist. Gleichsam in einem vieldimensionalen Reflex des Fin de Siècle wurde der traumatische Teil der geistigen Welt »ans Licht gebracht«. Breton: »Der Dank dafür gebührt den Entdeckungen Freuds. Gestützt auf seine Entdeckungen zeichnet sich endlich eine Strömung ab, von der begünstigt der Erforscher des Menschen seine Suche weiter vorantreiben kann, mit dem Recht, nicht mehr nur summarische Realitäten zu berücksichtigen. Die Phantasie ist vielleicht im Begriff, wieder in ihre Rechte einzutreten. Wenn die Tiefen unseres Geistes seltsame Kräfte bergen, die in der Lage sind, die an der Oberfläche wirksamen zu verstärken oder siegreich gegen diese zu kämpfen, besteht alles Interesse daran, zunächst ihrer habhaft zu werden, sodann, sie gegebenenfalls der Kontrolle durch unsere Vernunft zu unterwerfen.« »Wann werden wir schlafende Logiker, schlafende Philosophen haben? Ich möchte schlafen, um mich den Schlafenden hingeben zu können ...«[113] Der Traum wird für den Surrealisten zur Hoffnung. »Da es sich nicht mehr

Giorgio de Chirico, Die beunruhigenden Musen, 1916

darum handelt, der Wissenschaft den Prozeß zu machen, da die Intelligenz nicht mehr in Betracht kommt, gewährt allein der Traum dem Menschen seine Rechte auf Freiheit. (...) Jeden Morgen, in allen Familien, erzählen sich, wenn sie nichts Besseres zu tun haben, Männer, Frauen und Kinder ihre Träume. Wir alle hängen ab vom Traum und sind es uns schuldig, seine Macht im Wachzustand zu ertragen. Ein schrecklicher Traum ist es, mit schwarzen Spiegeln und Blitzen bekleidet.«[114] »Wo es gelingt, den Traum in seiner Integrität wiederzugeben durch entsprechende Mittel (und es bedarf einer Gedächtnis-Disziplin über Generationen hinweg ...); von dem Punkte an, wo seine Kurve sich in Stetigkeit und Fülle ohnegleichen entwickelt, darf man die Hoffnung hegen, daß die Mysterien, die keine sind, dem großen Mysterium weichen werden. Ich glaube an die künftige Auflösung dieser beiden scheinbar so gegensätzlichen Zustände von Traum und Wirklichkeit in einer Art absoluten – wenn man so will – *Über-Wirklichkeit*« (= Surrealität).

Es liegt eine nicht unverschuldete Tragik darin, daß es Breton zwar gelang, den naturwüchsigen Individualismus »seiner« Künstlergruppe – nebst den Beziehungen zu assoziierten Einzelgängern wie Picasso, Miró und anderen – strategisch und organisatorisch zu bündeln, nicht aber den Dialog mit der Psychologie wirklich zu beginnen. Freud gegenüber verhielt er sich weniger emphatisch als kritisch: er warf ihm Plagiat an dem Vorgänger Volkelt vor – und – worin sich Freud getroffen fühlte – Abstinenz bei der Selbstanalyse: »Sexuelle Anliegen scheinen in seinen eigenen Träumen keine Rolle zu spielen, während sie bei der Interpretation der anderen, vorwiegend von Hysterikern stammenden Träumen das Übergewicht haben.« Freud ging – unter dem Datum 17./18. und 26. Dezember 1932 – in drei Briefen auf Bretons Kritik ein und verteidigte seine Scheu vor gänzlicher seelischer Exhibition: diese bezögen sich auf den kurz zuvor verstorbenen Vater. Breton wies darauf hin, daß die nachfolgenden Auflagen Gelegenheit geboten hätten, die Zurückhaltungen aufzugeben ...

Breton und die Surrealisten gingen insofern über Freud hinaus, als sie vor der Vergangenheit – auch der eigenen – wenig

Ehrfurcht hatten und generell ein Vertrauen in die Zukunft zu kultivieren suchten; sie priesen das Neue, das Unerwartete, wie immer erschreckend es sein mochte und erkannten das futurologisch *Mögliche* des Traums: neben der Retrospektive auf das zu Überwindende die Warnung vor dem Unmöglichen, neben dem Schrecken des Verdrängten die Revolution. Die phantastische Gewalttätigkeit dieser Sphäre wurde durch den Minotaurus

Pablo Picasso, Minotaurus und Jungfrau, 1933

symbolisiert. »Bis zu den Surrealisten hin hatte man versucht, das Ungeheuer zu zähmen ... Baudelaire hat das Ungeheuer in die Kirche und die künstlerischen Paradiese geführt ... Rimbaud hat es mit einem kräftigen Stoß ins Rote Meer geworfen ... Die Surrealisten aber leben mit dem Untier, jeden Augenblick, von Angesicht zu Angesicht, Aug' in Aug' ...«[115] Darin liegt einmal die Anhörung des Tieres als Trieb: Erkenntnis, die ohne Vernunft auskommt; das infantil Unbeschwerte, das lebendige Moment des *Möglichen*; zum anderen: Gewissen zu wecken, um die Katastrophe ‘männlicher’ Rationalität zu vermeiden; im ganzen: zuerst und immer die Revolution, gleich wie. Diese Ambivalenz hat etwas von jenen Kindern, die ohne Bangen mit einem kräftigen Nein gegenüber elterlichen Warnungen in die Wälder ausbrechen in der Hoffnung, nie mehr schlafen zu müssen, immer den Tagträumen und der Lust folgend.[116] Breton weist dem Es, begriffen als das umfassende Unbewußte der Freudschen Traumdeutung, die Rolle des Befreiers zu. »Der schöne Tag ist da; das Untier hat gesprochen.« Die Traumarbeit des Unbewußten ist die »vollkommene Kunst, wie sie das bewußte Kunstschaffen anstrebt.«[117] Aragon, zum Kommunismus übergetreten, forderte auf dem sowjetischen Schriftstellerkongreß 1930 eine Verurteilung der bürgerlichen Vorstellungen Freuds.[118] Breton dagegen beharrte bis zu seinem Ende auf der grundlegenden Kommunikation zwischen *Traum, Liebe* und *Revolution.* Keines der drei isoliert und ohne das andere.

Traumtheoretisch hat die *Gradiva*-Abhandlung Freuds, die auf das Relief-Motiv eines schreitenden Mädchens zurückgeht, die Surrealisten wesentlich angeregt: Dali malte eine Reihe von Bildern, die Gestalt mit der seiner Frau – ehemalige Frau Eluards und Gefährtin von Max Ernst – zu Gala-Gradiva vereinend; *Metamorphosis der Gradiva* ist der Titel eines Bildes (1939) von André Masson. Gradiva-Motive verwendete Max Ernst 1923 in einer Serie für Paul Eluards Haus. Gradiva nennt Breton die Surrealisten-Galerie, die er 1937 in der Rue de Seine eröffnet; im gleichen Jahr schrieb er seinen Aufsatz *Gradiva.* Die Suche nach der surrealistischen Frau fand in der Novelle besondere Nahrung.

Sigmund Freud schrieb seine Abhandlung ›Der Wahn und die Träume in W. Jensens Gradiva‹ 1907. Ohne Kenntnis der Psychoanalyse ist hier durch W. Jensen (1837–1911) ein Therapiemodell vorweggenommen: Der deutsche Archäologe Hanold geht in seinem Beruf derart auf, daß ihn eine Frau aus Fleisch und Blut weniger bewegt als ein Relief, das er sich nach einem Rom-Besuch zugelegt hat: Es zeigt eine junge Frau, die in einer eigenartigen Gangart ausschreitet, wobei der eine, mit einer Sandale bekleidete Fuß flach auf dem Boden ruht, während der

Relief der ›Gradiva‹, Vorlage der Novelle von Jensen

nachgezogene das rasche Schreiten anzeigt. Die unersättliche Neugier geht über jedes wissenschaftliche Interesse hinaus: Hanold beobachtet plötzlich Frauen auf ihren Gang hin, um nach einigen Erlebnissen festzustellen, daß er diesen Gang nirgendwo in der Realität finden kann. Eines Nachts träumt er, er sei in Pompeji während des Ausbruchs des Vesuvs und sehe plötzlich seine Gradiva unweit eines Jupitertempels. Seine Warnungen mißachtend, erstarrt sie auf den Stufen des Tempels, von Schwefeldünsten erstickt, dem schönen Steinbild gleichwerdend.

André Masson, Metamorphosis der Gradiva, 1939

Diesen Traum hat Masson in seinem Bild festgehalten: Halbnackt, mit Toga und Sandale, vor einem pompejanischen Fresko auf den Stufen eines Tempels schlafend, wobei der lebende Teil links – Beine, Brust, die zur Muschel geöffnete Vagina – in die Versteinerung der rechten Bildhälfte übergehen; ein dickes Stück rotes Fleisch in der Mitte, unweit der Fliegenschwarm als Symbol sinnlicher Anziehungskraft des Fleisches; der orgiastische Vulkandurchbruch verdrängter Sexualität; Mohn- gleich Traum-

und Todesblumen links unten, eine – sexualsymbolisch verstandene – Eidechse vor der Mauerspalte . . .

Um in der Novelle fortzufahren: Hanold trauert nach dem Traum wie um eine Tote; wahn- und zwanghaft reist er nach Italien unter dem Vorwand, die archäologische Bedeutung des Reliefs zu untersuchen. Auf der Reise ärgert er sich über törichte Hochzeitspaare und sich paarende Hausfliegen. In Pompeji aber glaubt er plötzlich eine lebendige Gradiva zu sehen; Halluzination oder Wirklichkeit? Als er das Mädchen bittet, sich wie im Traum hinzulegen, weist es ihn zurück und entschwindet. – Die Gradiva des Archäologen entpuppt sich endlich als die vertraute Freundin aus Kindertagen: Zoe, so heißt sie in Wirklichkeit, geht auf Hanolds Wahnvorstellungen ein und leitet damit eine Heilung ein. Sie kennt die Kindheitserlebnisse ihres 'Patienten' und benutzt ihre Liebe als Heilmittel. Freud erkennt in ihr eine vorbildliche Therapeutin.

In seiner Analyse ist er über die Qualität der Novelle, die er später als »nicht besonders wertvoll« einstufte, weit hinausgegangen. Die verschiedenen Symbolebenen: Traum – Relief, Stein – und zugleich lebende Figur; die psychoanalytische Deutung der Vorstellung des passiv-masochistischen Archäologen: insgeheimes Spiel der Surrealisten, unterworfen zu sein; die Verschüttung als Bild der Verdrängung; die Ausgrabung als Bild der Analyse – all dies mag an dieser an sich trivialen Geschichte gereizt haben.[119]

Überblickt man heute solche Beschäftigung und Diskussion der Traumtheorie, so lassen sie letztlich unbefriedigend; vielleicht wegen der zu geringen wissenschaftlichen (psychologischen *und* politologischen) Anstrengung der Surrealisten. Aus der unterlassenen Kritik resultiert ein Mangel an politischer Theorie und ein Festhalten an alten, vor allem geschlechtsschismatischen Symbolzusammenhängen. Ihre Kultur des Spiels und der Zusammenkünfte; ihr Leben, eingerichtet zwischen Kunst, Bohème, Selbstmord, Exil, Prominenz und Literatur, ließ wenig Zeit für Theoriebildung. Dabei ist die *Praxis* des Traums, ob er sich nun als Kunst, als Sprache oder als sorgfältiges mediologisches Dokument entäußert, notwendig für die Ausbildung einer Phantasie, die sich in anderen als den gegebenen Situationen realisieren muß: als *Möglichkeit* zugunsten einer neuen *Wirklichkeit*. Phantasie als produktive Vorstellung, Wohnen und Gewohnheit aufzubrechen, bedarf des loslösenden Traums als ihrem Motor. Nach dem griechischen Mythos – und wir nehmen ihn in Anspruch, weil er sich in unseren Zusammenhang einfügt – ist es Phantasos, der Sohn des Hypnos, der durch seine Verwandlung die Traumbilder des Menschen bewirkt. Hypnos aber, Sachwalter des Schlafs, Sohn der Nacht, Zwillingsbruder des Todes, hat seit Freuds Traumtheorie dem Traum *Athene* zur Mutter gewählt: der *logisch*-erhellende Gedanke gehört ihr zu wie der *bildende* Wille, der Drang zur *Tat* wie die Kraft zum *Maß*.

(Automatismus)

> »Man hat niemals eine schlechtere Zunge gesehen als wenn Freund Schmeichler die kleine Hündin aus gelockter Wolle leckt von der Palette des aschgrauen Malers in harte Eifarbe gekleidet ...«
> (Picasso 1935).[120]

Der Surrealismus ist »reiner psychischer Automatismus, in dem man sich versetzt, um mündlich, schriftlich oder auf irgendeine sonstige Weise das wirkliche Funktionieren des Denkens zum Ausdruck zu bringen. Man steht dabei unter dem Diktat des Denkens; jegliche Kontrolle durch die Vernunft fällt ebenso weg wie alle ästhetischen oder moralischen Bedenken« (bzw. Vorurteile).[121] Die Entstehung der automatischen Schreibweise datiert seit der Beschäftigung Bretons mit Untersuchungsmethoden der Psychoanalyse, die er im Krieg gelegentlich bei Kranken anwenden konnte. Breton beschloß, von sich selber zu erreichen, was er sonst von andern wollte: »nämlich einen so rasch wie möglich fließenden Monolog, der dem kritischen Verstand des Subjekts in keiner Weise unterliegt, der sich infolgedessen keinerlei Zurückhaltung auferlegt und der so weit wie nur möglich gesprochener Gedanke wäre. (...) Mit dieser Auffassung begannen wir – Philippe Soupault, den ich in diese ersten Folgerungen eingeweiht hatte, und ich –, Mengen von Papier zu beschreiben, voller Verachtung für das, was dabei literarisch herauskommen würde.« Ergebnis waren ›Les Champs magnétique‹ (Die magnetischen Felder, 1921).

Monologisieren, psychischer Automatismus und Technik der *freien Assoziation* waren analoge Begriffe für denselben Sachverhalt: ein Redefluß, der so schnell wie möglich abläuft und über welchen sich die kritische Instanz des Subjekts kein Urteil bilden darf. Soweit der *(innere)* Monolog unbewußt oder als niedergeschriebener Dialog zwischen den psychischen Instanzen UbW/BW einer Person begriffen wird, gehört er ebenfalls hierher. »Der Automatismus, Erbgut der« (spiritistischen) »Medien, wird im Surrealismus eine der beiden großen Richtlinien bleiben (...) man wird sich mit vollster Gewißheit vom Surrealismus entfernen, wenn der Automatismus nicht wenigstens, 'unterirdisch' mitzieht. Ein Werk kann nur in dem Ausmaße für surrealistisch gelten, als der Künstler sich bemüht hat, in den gesamten psychophysischen Bereich einzudringen (von der die Bewußtseinssphäre nur einen geringen Teil bildet). Freud hat aufgezeigt, was in diesen abgründigen Tiefen vor sich geht: Widersprüche sind hier aufgehoben, verdrängte Gefühle toben sich schrankenlos aus, die Zeit bedeutet nichts mehr, und an die Stelle der realen Außenwelt tritt die seelische Realität, die einzig dem Gebote der Lust gehorcht. Der Automatismus führt uns in gerader Linie dorthin. Dagegen ist, wie die Erfahrung gezeigt hat, der andere Weg, der sich dem Surrealismus zur Erreichung dieses Ziels angeboten hat, nämlich der, Traumvorstellungen einzufangen und sie mit Gauklerkunststücken (und hier liegt seine Schwäche) ins Bild zu bannen, weit weniger verläßlich, und wer ihn einschlägt, läuft tausendfach Gefahr, sich zu verirren.« (Breton)

Dieses Zitat aus dem Jahre 1941 unterscheidet Automatismus und – nach den Erfahrungen des Dalischen Photorealismus – das eingefangene Traumbild; dagegen nicht die Assoziationstechnik der Traum-*Deutung*, die den Traum hinterfragt mit der Aufforderung, alles zunächst ungeordnet zu erzählen, was einem zu den einzelnen Motiven und Symbolen einfällt.

Auf Vorschlag Crevels lassen Breton und seine Freunde 1922 selbst die Tische sprechen; man experimentiert mit spiritistischen »Medien«-Techniken: einer Ecriture automatique unterm Diktat von »Geistern«. Die psychologische Auswirkung von Schlaf-, Trance- und »Medien«-Versuchen führt zu halluzinatorischen Zuständen ähnlich den Erfahrungen mancher Kommunen unserer Tage. Die Surrealisten glaubten zeitweilig, in einem dichterischen Zustand zu leben, wo die alten Gegensätze von Wachen und Träumen überwunden sind. Sprachfiguren und Kürzel, flüchtig und absichtslos hingesetzt, tauchen in den Bildern Mirós und anderer auf; das Prinzip der Kunstlosigkeit auf der Basis des automatischen Schreibens wird ins Bild getrieben. »Raffiniert« und zu Gedichten arrangiert erscheinen die Ströme des Unbewußten bei Eluard. Man hat sich dem »repressiven Ich« (Marcuse) versagt, verzichtet auf jede Hierarchie von Form und Inhalt. Ganz am Ende dieses Weges, dem Bewußtsein einer rationalen Denkweise fern, spricht Breton von »träumenden Automaten«, als fiele eben dies Extrem der Rationalität mit seinem Gegenteil, dem Irrationalen, zusammen.

Es gibt verschiedene Versuche, die Erscheinungsformen des Automatismus zu kategorisieren. Kanadische Automatisten[122] unterscheiden *mechanischen, psychischen* und *surrealen* Automatismus. *Mechanisch* wird als motorische Entladung des Materials begriffen: »Falten, Kratzen (Grattage), Reiben, Ablagerungen, Berußen (Fumage), Schwerkraft, Drehung usw.« Dabei ist über den Inhalt des Bildes selbst nichts ausgesagt; Max Ernst benutzt beispielsweise diverse Verfahren dieser Art zur Darstellung ganz gegensätzlicher Inhalte, Motive usw. Bei Material-Assoziationen kommen zudem auch bei anscheinend bedeutungsfreien Formen semantische Elemente (Bedeutungen) hinein; »man sieht etwas«. Man spräche also besser von *symbolischem* oder *motorischem* oder *mechanischem* Material-Automatismus, je nachdem, was tatsächlich auf der Bildfläche erscheint. *Psychisch* sind nach obiger Einteilung die »Träume« von Dali, die »Sinnestäuschungen« von Tanguy, die Zufallsobjekte von Duchamp. Das Interesse richtet sich auf den »behandelten Gegenstand«, nicht auf den »wirklichen Gegenstand«. Auch diese Unterscheidung läßt wesentliches offen. Schließlich der *surrationale* Automatismus, der *lyrisch-abstrakt* oder *abstrakt-expressionistisch* oder *informel* ist. – Bevor man derart klassifiziert, wären zunächst die malenden und schreibenden Individuen zu betrachten. Historisch geht die Entwicklung von Masson, Ernst, Miró, Matta zur amerikanischen Malerei der 40er und 50er Jahre, zu Gorky, Pollock und anderen. Um nicht mit abstrakten Namen und Deutungen zu verwirren, einige exemplarische Gegensätze, wobei wir betr. Farbigkeit der Bilder auf *DuMont's kleines Lexikon des Surrealismus* (J. Pierre) verweisen.

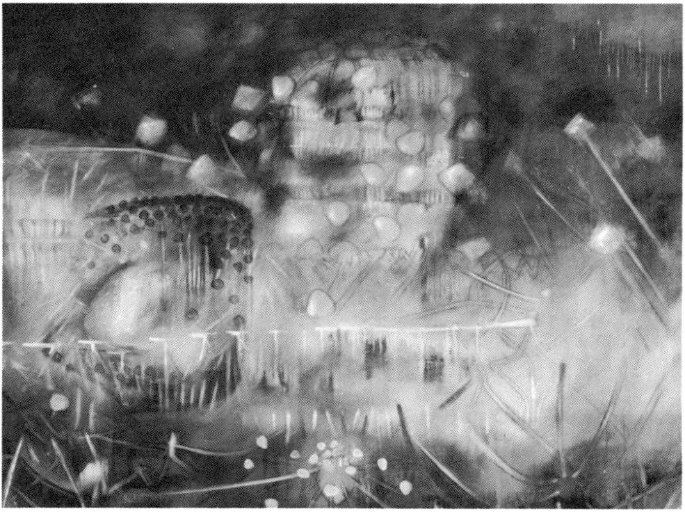

Matta, Gebt das Licht ohne Schmerz, 1955

Als die höchste Entäußerung eines ungegenständlichen Automatismus, mag man ihn *abstrakten Expressionismus* oder wie sonst immer heißen, erscheint uns Sebastian *Matta*, geb. 1911 in Santiago de Chile. Die Bilder der 40er Jahre haben einen explodierenden, befreienden Schwung der Farben und Formen, der vor allem von dem verströmenden Gelb, farbpsychologisch ein Hinausgehendes, oft Fahrlässig-Kühnes hat, besonders im Kontrast zu verstreuten Rotwerten wie etwa in dem Bild *Elinonde* oder *Hier, Sir, Feuer, Iß* aus dem Jahre 1942, worin – neben dem zerfließenden Gelb – organhaft-architektonische Formen in den Bildaufbau integriert sind. Die Bilder sind von einer unwiderstehlichen und optimistischen Kraft. Matta spricht von »Emanzipation« und »Revolution« als Mittelpunkte seines Schaffens.[122] »Wir werten heute kaum fünf Prozent unserer Bewußtseinsfähigkeit aus. Die Aufgabe der Dichtung ist es, das Bewußtsein der Welt auszuweiten: man muß die Menschheit erfinden. Die Gesten und die Handlungen eines Menschen gegenüber einem anderen, die man heute noch sehr menschlich nennen könnte, müßten vor dem verblassen, was einst noch Menschen füreinander werden tun können:« »Wachsamkeit«, »Hingabe« ... »Eines Tages wird es dem Bewußtsein ganz selbstverständlich erscheinen (was ja heute verbildet oder unter einem Berg von Diskussionen eingeschläfert ist), daß wir, wenn wir an den anderen vorbeigehen, an unserem Leben vorbeigehen. Und in diesem Sinne wird es eine revolutionäre Erotik geben (... die gegenseitige Bindung aneinander, bewußt empfunden in einem Unternehmen, das wir wohl werden ins Werk setzen müssen, da es uns alle angeht.«

Würde man uns fragen, ob all dies in den Bildern vorhanden ist, so nur als *Deutung* der formalen und vor allem farbpsychologischen Impulse. Wir haben bislang keine Museums-Empirie und -Didaktik, die belegen könnte, daß die Aussagen eines Malers auf seine Malweise zurückfiele und dies auch – in welchem Bildumfeld immer – rezipiert würde. Exakt die Deutung belegen, hieße in eine mediologische Analyse einsteigen, die alle Bildebenen und -momente heranzieht. Ein Essay für sich.

Nach 1944 taucht in den Bildern Mattas ein gequälter und quälender Mensch auf, der vom Knistern elektrischer Hochspannungen umgeben mit aggressiven Maschinen kopuliert.[123] Was vorher automatische Freiheit war, geht in einem negativen Maschinenzeitalter unter, wird ähnlich Picassos *Guernica* zu einem Panorama des Schreckens und des Zwangs in einer abstrakten Inquisition »partnerschaftlicher« Zustände.

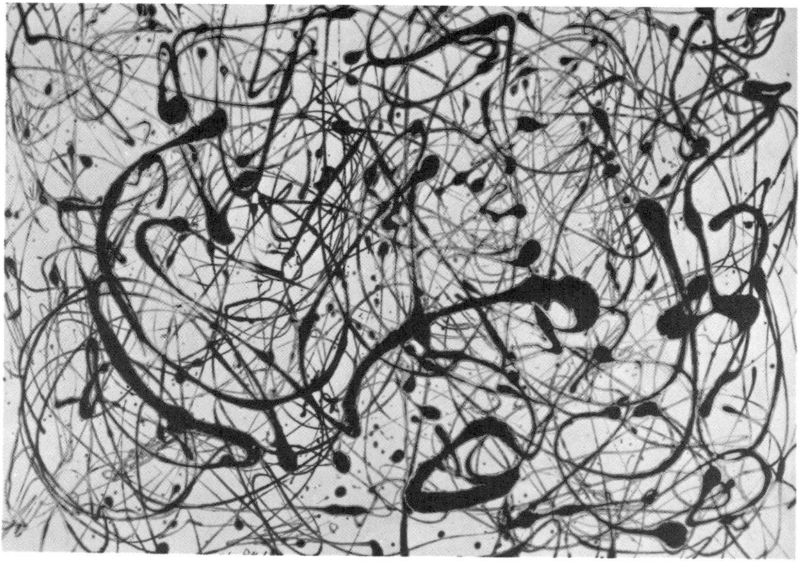

Jackson Pollock, Nr. 14, 1948

Das Gegenextrem automatischer und 'inhaltloser' Malweise, mit den nervös-wirren Farb-Form-Gestikulationen eines André *Masson* begonnen, erscheint mit Jackson *Pollock*. Zunächst diverse Stilarten versuchend, endet er Leben und Werk in einer Medialisierung seines naturalen, durch Alkohol beschleunigten Verfalls: er arbeitete nicht mehr nur mit Hand und Arm, vielmehr legte er seine mehrere Quadratmeter großen Leinwände auf die Erde, ließ seine Farbe vom Stock oder aus einer Büchse fließen oder tröpfeln, wozu er seinen gesamten Körper in die Malaktion einbezog und sich in seinem Bild, das zur »Arena« seiner »Aktion« wurde, umherbewegte. »Auf dem Fußboden fühle ich mich wohler. Ich bin näher dran, mehr schon ein Teil meines Bildes; denn auf diese Weise kann ich darum herumgehen, von allen Seiten aus arbeiten und buchstäblich *im* Bild sein. Das ist der Art indianischer Sandmaler des Westens sehr ähnlich ... Wenn ich *in* meinem Bild bin, ist mir mein Tun nicht bewußt. Nur nach so einer Art allmählichen 'Vertrautwerdens' sehe ich,

Automatische Zeichnungen (Ausschnitte) von Klaus Bendixen, Klaus Jürgen-Fischer (1962), Herbert Schneider (1960) und Felix Gmelin (1965 mit drei Jahren)

was ich getan habe. Ich habe keine Bedenken, etwas zu ändern, das Bild zu zerstören usw. ... denn das Gemälde hat sein eigenes Leben. Das versuche ich durchkommen zu lassen.«[124] An diesem Ende war eine semantisch-inhaltliche Bezugnahme auf die äußere Welt aus Pollocks Bildern geschwunden. Die Strukturen beschworen nur noch automatische Reflexe des Gestischen.

Die Bedeutung, die Pollock zukommt, ist die Brutalität, mit der er sein Verfahren ins Ende trieb, auch wenn seit 1951 noch einmal Figürliches in die 'Automatismen' kam. Der Stil solcher Malweise ist struktural-motorischer Automatismus. Er erschien in den 60er und 70er Jahren bei zahlreichen Autoren, bei Henri Michaux, bei Gerhard Hoehme, bei Jean Dubuffet und dem Blutforscher Alcopley. Der Katalog der *Dokumenta III Abt. Zeichnungen* enthält die Autoren Herbert Schneider, Klaus Bendixen, Fathwinter, Eduard Micus, Hans Platschek, Klaus Jürgen-Fischer und andere; oft nicht unähnlich den Malweisen von Kleinkindern.

Weil die Mehrzahl der surrealistischen Malerei es mit konkreten Inhalten, seien es innerpsychische oder sonstige Symbole, zu tun hat, wollen wir dies, soweit innerhalb unseres Themas von Interesse, unter »Geschlechtsrollen« abhandeln. Zwar sind die dort erscheinenden Inhalte auch solche von *unbewußter* Relevanz, sie erscheinen aber nicht derart unmittelbar auf der Malfläche, sondern gefiltert durch das bewußte Kalkül der gesteigerten Erfahrung im Umgang mit künstlerischer Tradition *und* ihres Bezugs zum Vorbewußten, Somnambulen, Paranoiden oder Traumatischen.

(Surrealismus im Film) Zu den ästhetischen Erscheinungsformen von Automatismus und Traum gehören u. a. der Film von Picabia/Clair *Entre'acte* und die beiden Werke von Buñuel/Dali *Andalusischer Hund* und *Goldenes Zeitalter.* Der Film von Francis Picabia und René Clair – im Vorspann meist nur Clair – zeigt u. a. eine Beerdigung quer durch den Lunapark im Zeitlupentempo: Der Leichenwagen ist mit Reklamepaketen beklebt, die Familienangehörigen essen schluchzend von den Brotkränzen, die am Katafalk hängen, eine Sechsergruppe klammert sich an die Fransen des Leichentuchs und rennt hinter dem Kondukt her . . .[125] Am Ende fällt der Sarg aus dem Wagen; die »Leiche« steigt heraus und läßt die Lebenden verschwinden.

Dieser Sketch-, Gag- und Assoziationsfilm gehört zum Teil in die »Tradition« des Dadaismus und unterscheidet sich von den kommerziellen Gagfilmen durch seinen Gehalt an Anarchie. Indem das totemistische Motiv des Abendmahls – »Blut von meinem Blut« – nekrophil auf ein anderes kultisch gehandhabtes Ritual »verschoben« wird, kommt ein anachronistischer Widerspruch zum Tragen, wird im Film selbst allerdings nicht zu Ende geführt . . .

Über den *Andalusischen Hund* sagte Buñuel später: »Dali und ich nahmen jeden Gag auf, der uns einfiel, wir warfen unerbittlich alles, was etwas bedeuten könnte, hinaus.« Gleichzeitig ist die Sequenzfolge »von einem Traumbild« abgeleitet, »das wiederum andere Traumbilder auf die gleiche Weise prüfte . . .« Zwar sollte nichts in dem Film »irgend etwas symbolisieren«, und doch könnte »die einzige Methode, die Symbole zu untersuchen, vielleicht die Psychoanalyse sein.« – Der Film, »Ergebnis eines bewußten psychischen Automatismus«, profitiert »von einem Mechanismus analog den Träumen« und setzt das anthropomorphe Ich-, Über-Ich-, Es-Modell filmdramaturgisch um: Ich und Über-Ich werden zu männlichen Rollen bzw. Doppelrollen, das Es als Triebbereich – auch hier geht die geschlechtsschismatische Rollentradition des Freudschen »Objekt-Weibes« naiv ein – von der weiblichen Figur übernommen.

– Ein Balkon. Nacht. Ein Mann schärft ein Rasiermesser. Der Mann blickt durch ein Fenster zum Himmel und sieht eine schmale Wolke, die sich dem Vollmond nähert. / Eine männliche Hand zieht die Lider der Frau auseinander. / Die schmale Wolke schiebt sich jetzt vor dem Mond vorbei. / Die Klinge des Rasiermessers durchschneidet das Auge der jungen Frau, teilt es. – In den Kontrastmontagen Mond/Rasiermesser/Auge ist Defloration, in den Verwandlungsmontagen Igel/Schamhaare Geschlechterentfremdung symbolisiert. Der Einbruch des Sexuellen erscheint als plötzliches Heraustreten von Ameisen aus dem Innern der Handfläche. Der aggressive Trieb des Mannes trifft auf die

Luis Buñuel und Salvador Dali, Einstellungen aus dem Film ›Un Chien andalou‹, 1928

Luis Buñuel und Salvador Dali, Einstellung aus dem Film ›Un Chien andalou‹, 1928

Abwehr der Frau (ein spanisch-konventionelles Moment an diesem Film). Die Szene mit den toten Eseln auf den Konzertflügeln, verbunden mit Priestern, symbolisiert die 'kulturalgehemmte' Annäherung des Mannes gegenüber der in der Ecke schreckensvoll 'an die Wand gestellten' Frau: mit dem historischen Ballast einer toten Kultur ist die Überwindung sexueller Entfremdung, ist Leben nicht möglich; das männliche Ich muß eine ganze Collage von Über-Ich-Inhalten hinter sich herschleppen: zwei an Seilen befestigte Priester, in Netze verwickelte Melonen, tote Esel auf Konzertflügeln – Symbol bürgerlicher Kultur. – Die übliche Interpretation des Films, er lebe von einer »Alogik des Geschehens« (Gregor)[127] ist ebenso falsch wie die Aussagen in *Geschichte des Films* (Patalas/Gregor), die den Eselskadaver, die Seminaristen bzw. Priester usw. als isoliert-ästhetische Bildausschnitte präsentieren und den traumdramaturgischen Zusammenhang auflösen. – Buñuels Kritik an einer infantil gebliebenen bürgerlichen Gesellschaft beschließt ein Bild, das nicht von ungefähr bei Beckett, dort zu einem ganzen Stück

(Glückliche Tage) geronnen, wieder auftaucht: Alles hat sich verändert. Man sieht eine grenzenlose Wüste ohne Horizonte. Mann und Frau bis zur Brust in Sand eingegraben, von Sonne und Insektenschwärmen gepeinigt; die Kleider zerrissen, beide blind: regungslose Beschädigung der Institution Ehe. – Eine andere ausgefüllte Hohlform der Psychoanalyse zeigt die Szene, da ein Auto, Symbol phallischer Technologie, die *Anima* überfährt. In ihrer Hand hatte sie eine Schatulle, deren Inhalt kurz danach von der »Ehefrau« sorgfältig auf dem Bett ausgebreitet wird: Fetische des Mannes – Kragen, Schlips, Knöpfe – Hauswirtschaft in ihren entfremdeten Symbolen. Das Leben selbst, der Mann ist daraus entwichen, bleibt sekundär; ein Fetischsymbol, das zu Rudolf Hausners Motiv 'Mann am Bügel' in *Die Arche* korrespondiert. – Die Metaphorik der Fetischsymbole ist später von Beckett übernommen worden, wobei das »Dasein zum Tode«, das Heideggersche Un-Zuhause bei Abwesenheit jeden revolutionären Ansatzes gesteigert sind. Entfremdung wird masochistisch hingenommen und ertragen, die Enthumanisierung zur besinnlichen Resignation als *Endspiel* sublimiert. Utopie ist nur noch negativ; das Herrschende, kommentarlos in die Poesie hineingenommen, ist ihre Voraussetzung und zeigt die Fäulnis des Kommenden. Die ästhetische Straflosigkeit endet in den Todeskammern der Mülltonnen. Um *Warten auf Godot* als die nie stattfindende Landverteilung zu interpretieren, bedarf es einer Phantasie, die im Stück nicht investiert ist.

Das goldene Zeitalter (*L'Age d'Or*, 1930), erweitert die Traumdramaturgie um den äußerlich wirklichen (sigmatischen) bzw. gesellschaftlich realen Bereich, entwickelt also eine Wechselbeziehung *Bewußt/Unbewußt*. Zum Teil von Dali entworfen, wurde der Film ausschließlich von Buñuel produziert. Dali wünschte »viele Erzbischöfe, Knochen und Monstranzen«. Er wollte die Bischöfe in den Felsenschluchten von Creus baden lassen. Buñuel machte daraus ein Sakrileg und endete in einer sado-masochistischen Sequenz assoziierter Selbstzerstörung und Gewalt. Dali später: »Ich wollte die Gewalt und die Kraft der Liebe darstellen, gemischt mit dem Glanz der Schöpfungen der katholischen Mythen. Schon damals war ich wundergläubig und geblendet

Luis Buñuel, Einstellungen aus ›L'Age d'Or‹, 1930 (Motive: Die Kirchenfürsten in Verwesung übergehend; die weibliche Hauptfigur)

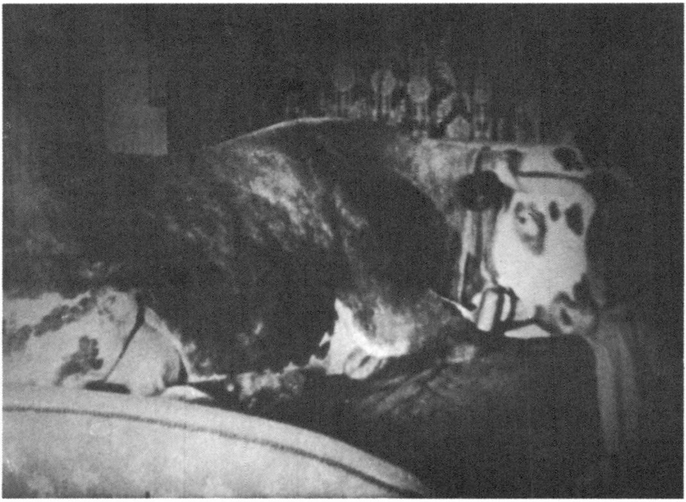

Luis Buñuel, Einstellungen aus ›L'Age d'Or‹, 1930 (Motive: Die Kuh auf dem Bett; Fellatio der Marmorzehe)

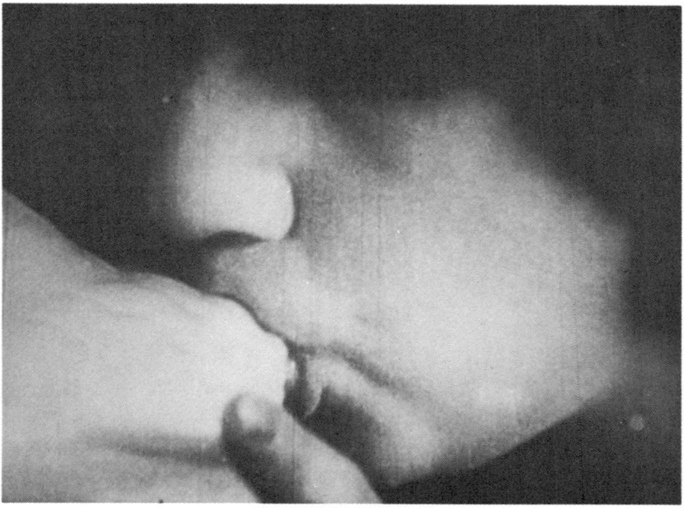

und besessen von der Größe und der Pracht des Katholizismus (...) Buñuel aber in (...) seiner aragonischen Sturheit brachte das alles in einen primitiven Antiklerikalismus.« – Der Streit enthüllt die ambivalente Daseinsmöglichkeit nicht nur des Künstlers, sondern auch des Psychoanalytikers, herrschende Verhältnisse zu verinnerlichen, d. h. wissenschaftliche, literarische oder bildnerische »Friedenswissenschaft« zu einem Kulturgeschäft mythologischer Friedhöfe des kulturellen Über-Ich zu raffinieren, wie dies Dali und die verspäteten Surrealisten der Wiener Schule taten, oder aber den notwendigen Stachel der Veränderung durch alle Widrigkeiten der ökonomischen Produktionsumstände hindurchzutragen, wie es Buñuel unablässig versuchte.

Der Inhalt des Films: In eine 'Urwelt', beherrscht von Kirchenvätern, brechen Banditen ein und gehen – lebensunfähig – mit dem ganzen Gemeinwesen wieder ein; auf den Felsen verwesen die Prälaten. – Im Angesicht ihrer Skelette gründet man die ewige Stadt ... Skandal löst ein Paar aus, das sich in Lehmpfützen der Liebe hingibt. Die beiden werden auseinandergerissen und in Handschellen abgeführt. Innerhalb der Stadtadministration erinnert sich der Gefangene an seinen bürgerlichen Rang. Die Geliebte, wieder im Elternhaus, sieht eine Kuh (auf Mutter und Fruchtbarkeit bezogen) sich von ihrem Bett erheben. Bei einem offiziellen Empfang verhindern Rituale und Konventionen eine neue Vereinigung. Die Fremdheit zwischen den Klassen erscheint im Symbol des Müllkarrens voller Arbeit inmitten einer illustren Gesellschaft: niemand nimmt von den Arbeitern Notiz. Die neuerliche Umarmung scheitert in Stammeleien und beziehungslosen Tastversuchen. Am Ende der Ersatzaktionen liegt die Frau in den Armen eines Dirigenten und seiner orchestral-patriarchalen Ordnung. »Es gibt kaum etwas lächerlicheres als den optischen und akustischen anblick eines orchesters, produkt und miniatur des staates« (Oswald Wiener).[129]

Der Film ist in gewisser Weise ein Kollektivwerk: Max Ernst spielte den Gangsterchef, fast alle Mitglieder der Gruppe unterzeichneten das Manifest zum Film, das die Revolution als Raubvogel pries, der »unerwartet am abendländischen Himmel erscheint und niederstößt«. Die Provokationen werden als Vorsichtsmaßnahmen angekündigt, um Fälscher zu entmutigen: der Blinde, der mißhandelt wird; die verfehlte Liebesszene; die Heroine, die am dicken Zeh eines marmornen Apollo saugt; der Held der 120 Tage Sodoms, der die Züge Jesu Christi trägt; das Kruzifix am Schlußbild, an das weibliche Skalpe genagelt sind. – Die Allegorien erschienen mit den emotionalen Qualitäten des Films, damals die breiteste Form der Massenkommunikation. Nach ersten Aufführungen mit vereinzelten Protesten organisierte sich die Reaktion. Nationalistisch-katholische und antisemitische Gruppen demolierten am 3. 12. 1930 den Saal am Montmartre, einschließlich der Vorräume, in denen Bilder von Picasso, Man Ray, Picabia und anderen hingen. Der Film wurde verboten und eingezogen. Dem Comte de Noailles, der den Film finanziert hatte, wurde vom Papst mit Exkommunikation gedroht und er mußte weitere Vorführungen verbieten. Alle Kopien wurden von der Polizei eingezogen, das Original vernichtet, der Kinoleiter mit der zeitweiligen Schließung des Etablissements bestraft. Lange Zeit war der Film kaum zugänglich. Aus der Psychoanalyse eine revolutionäre programmatische Bildkunst im Bereich der Massenkommunikation zu machen, wurde mit solcher Inquisition abgewürgt. Mit dem sozialen Pamphlet *Las Hurdes* (Land ohne Brot) – einem anti-pittoresken Dokumentarfilm über kärgliche spanische Existenzen in ausgehungerten Landstrichen, von der spanischen Regierung sofort verboten – schlossen sich dann für den Autor die Türen: unter schlechtesten Bedingungen machte Buñuel jahrelang Synchronisationen, dann kommerzielle Filme, die nur immer eine Spur seiner ersten Werke tragen. Wegen *L'Age d'Or* wurde er noch 1942 als leitender Filmbearbeiter des Museum of Modern Art entlassen. Und wenn auch der Fortgang der Filmgeschichte manche Sequenzen sentimental erscheinen läßt, wie Erika Runge meinte,[130] daß die Ansätze und Verwünschungen des frühen Buñuel, nach Henry Miller »reiner als die Hymnen der christlichen Kirche«,[131] allesamt wieder von einer simpel literarisch-aristotelischen Kommerz-Dramaturgie liquidiert wurden, sollte uns das Motto des Manifests nicht vergessen lassen: »Wir gehören der Welt nur in dem Maße an, wie wir uns gegen sie auflehnen.«

(Kinder – Narren – Literaten)

> »Cecil wurde bald an der technischen Hochschule in Wien zur Hauptingenieurin promoviert und schon schritten sie zusammen durch den bewölkten Himmel auf den Expreßflügeln nach der reichen Hauptstadt 'B: Ulynos # Aijedesz' mit weißen Rehlederhandschuhen an ihren Händen. Unterwegs um-umarmten sie sich von neuem und neuem an ihren Taillen und kamen in der Hauptstadt ermüdet durch 'parfumeros Rougeküssen' an. Der Bürgermeister wartete mit einem Flugzeugboot seine selten vornehmeren Ingenieurs-Flieger – Unteringenieurs Gäste! Nach dem Lunch waren beide durch die aromatische, süße süße süße süße süße süße süße süße Wärme der erneuten Küsse durchtränkt« (Text eines Geisteskranken).[132]

Spricht man von Malerei des Unterbewußten, so spricht man fast analog von Zeichen der Halluzination, des manischen Zustandes, der Meskalin-Vergiftung – oder aber des Kindlichen. Die allgemeine Entfremdung gegenüber Kindern in unserer Kultur vermischt sich dann nicht selten mit dem Chor seliger Knaben des Fausts in einer nebulosen, oft religiösen Hoffnung auf *das* Kind; oder man gibt das letzte Wort dem Kind-Weib, dem surrealistischen Luzifer, das den Minotaurus blendet und festhält.[133] Dabei wissen wir über die Malerei und Bildorganisation der Kinder fast nichts. Die frühen Annahmen, gleichaltrige Kinder malten ähnlich ungeachtet der Kultur und des Zeitalters,[134] halten der Überprüfung nicht stand. Was entwicklungspsychologisch geschieht, wenn die Unmündigkeit des Kindes aufgehoben, das *gleiche Recht für alle* auch für das Kind gilt, seine Lernleistung ökonomisch anerkannt wird, ist nur andeutungsweise auszumachen. In den Zeichnungen gestörter Kinder konnten wir bislang festmachen, daß ihre Malweise im Abweichungsfall – bei Verhaltensstörung usw. – »gelungener«, »origineller« scheint als im Falle »normaler« Angepaßtheit. Andererseits regredieren malerisch ausgebildete Kinder auf frühere Stufen, wenn sie krank oder aber an qualitativ fragwürdige Gruppen-Normen angepaßt werden.[135] Die verbreitete psychiatrische Betrachtungsweise,[136] nach der Auflösung der Gegenständlichkeit als psychischer Zerfall gilt und konventioneller Strich als »gesund«, ist ebenso falsch wie der Zusammenhang von Krankheit und Qualität wandelbar. Schizophrene überzeichnen oft die ganze ihnen zur Verfügung stehende Fläche,[137] bei Kindern wird dies als strategiebewußtes Raumverhalten interpretiert im Gegensatz zu jenen Zeichnungen, die stereotyp nur einen dünnen (Fries-)Himmel, eine Erde und dazwischen das Hauptmotiv – Haus, Blume usw. – enthalten. Kinder, in unserer Gesellschaft ohne eigene Mittel, ohne Selbstbestimmung über Eß- und Lebensgewohnheiten, völlig rechtlos, sind notwendig und primär immer 'krank'. Das zeigen ihre Zeichnungen. Selbst wenn sie protestieren, können sie zunächst nichts Eigenes tun, sondern nur jene negieren, die sie einengen und bevormunden. Das *wirkliche* Kind, von dem wir ausgehen *könnten,* fähig und kompetent, eine alternative Ordnung zu postulieren, wie Ernest Bornemann dies fordert,[138] gibt es bislang nur im kindlichen Underground, und auch hier nur in Bruchstücken der Zerstörung: Insofern sind die Ergebnisse einer Theorie des kindlichen Zeichnens und Malens derart vorläufig und von den Vorurteilen bis in die Begriffe hinein pervertiert, daß letztlich nichts bleibt.

Die Vermessung der UbW-Automatismen scheint bei professionellen Künstlern unter Drogeneinfluß schon aussichtsreicher. Richard P. Hartmann hat in seiner Untersuchung *Malerei aus Bereichen des Unbewußten* Zeichner und Maler eingeladen, unter Einfluß von LSD zu malen. Dabei lehnt er eine Vermengung von psychoanalytischen und psychoästhetischen Deutungen ab, konstatiert, daß Psychiatrie und Kunstwissenschaft unter Archetyp, Abstraktion usw. verschiedenes verstünden,[139] kritisiert an Jung, daß er die Relation zwischen Bewußtseinslage und optischer Darstellungsform nicht präsentiert habe und spricht sich gegen Traummalerei aus, weil das malende Bewußtsein vervollständige, was in der Erinnerung nicht mehr vorhanden ist. Wenngleich beim Malen unter LSD die Einstellung aufs Unbewußte dominant wird, durch erweiterte Zuordnungsmöglichkeiten und anarchisch anwachsende Spontaneität ein neues Gleichgewicht stabilisierend, so erscheint dies nicht als das gewaltige Reich vereinheitlichter Ur- und Archesymbole, sondern als individuelle Organisation: es gibt nicht *ein* Unbewußtes, sondern so viele, wie man »Erregungs- und Meditationsstufen« hervorrufen kann.[140] »Die Hand registriert deutlich, daß sie anderen Weisungen folgte, daß sie nicht mehr das Gewohnte ausführte und schließlich als ein Medium agierte.« »Meine Hand machte sich selbständig (. . .) Ein anderer führte sie.« Das Papier kommt an die Person heran, wird Haut. »Jeder Strich verletzt die Haut wie ein Messerschnitt.« Psychotoxische Anschauungsbilder nennt Hartmann autosymbolisch und von den triebbezogenen Darstellungen bewußter Kunst unterschieden,[141] gleichzeitig sei in der 'Drogenkunst' »seelisch Erlebtes und bildnerisch Dargestelltes (. . .) nicht kausallogisch aufeinander bezogen«(?). Da solche Ergebnisse vom Betrachter nicht nachvollziehbar sind, werden die Fallstudien und -berichte zum eigentlichen Vorzug der Untersuchung. Aber bis auf eine erhöhte Reizbarkeit gegenüber Farben – Ängste werden zu grell beleuchteten Szenen –, einer Proportionsveränderung der Dinge, Gliedmaßen usw. und eine Dissoziierung des Bewußtseins ist nichts festzumachen, was als *allgemeiner* mediologischer *Prozeßcharakter* des Unbewußten gelten könnte. Man kann in äußerster *Datennähe* also nur von LSD-, Haschisch-, Schizophrenie- usw. Symbolen bei der jeweiligen Person im jeweiligen geschichtlichen, sigmatisch-wirklichen Umfeld usw. reden, wenn man sich nicht auf fragwürdige Begriffe wie »hochentwickelte Symbole«, »rhythmisch-ornamental«, »geometrisierend«, »archetypisch«, »gegenständlich« usw. einlassen will.

Theoriebildungen wären erst am Ende langer Versuchsreihen möglich, die *alle möglichen* Daten und Bilder parallel präsentieren und so den Ablauf und *Prozeß* des Rausches genauestens darstellen. Selbstredend müssen wir zu einem Begriffsarsenal kommen, das die »*psychoanalytische* Ästhetik«, was immer dies sein mag, die *psychoästhetischen* Versuche, die *zeichentheoretischen* wie auch die *kunstwissenschaftlichen* auf einer höheren Ebene aufhebt und die Möglichkeit gibt, die Malvorgänge und -ergebnisse aller Vor- und Bewußtseinsstufen zu beschreiben und aufeinander zu beziehen.

Eine anfängliche Analyse prozessualen Symbolverständnisses im malerischen Vorgang hat ein Versuch von H. Leuner erbracht:[142] er dechiffriert Symbole in Verbindung mit der Person, die sie produziert, und verwandelt solchen *pragmatischen* Erkenntnisablauf in Therapie. Er hält den Probanden an, den auftauchenden Tiergestalten und Zwitterwesen nicht auszuweichen, sondern sich ihnen zu stellen. Es kommt zu einer Auseinandersetzung mit den zuvor ängstlich gemiedenen Symbolwesen: ein aggressives Monster, das anfangs starke Affektreaktionen auslöste, wird mit der Zeit kleiner, harmloser; es wandelt sich in ein phylogenetisch höheres Tiersymbol – ein Krokodil – schließlich in einen Storch, der anfangs auf die Versuchsperson einhackt und sich später streicheln läßt. Dahinter erscheint dann ein skelettierter Fisch, aus dem ein brüllender Löwe wird, später ein Stier. Am Ende der Verwandlungen nimmt das Tier menschliche Züge an, und schließlich erkennt die Versuchsperson ihren Vater, der einen Stock schwingt. Die Angst vor dem Vater, die hinter solcher Serie steht – seien es nun Träume, Halluzinationen oder »magische« Malaktionen unter LSD – ist nun aber nicht als phylogenetisches Menschheitsdrama zu verstehen; solche Verabsolutierung ist unzulässig. Wenn wir an anderer Stelle gesagt haben,[143] daß in den massenhaft auftretenden Tieren der Kinderbuchliteraturen das patriarchale Prinzip oder gar der leibhaftige Vater zu stehen kommt, so ist das am Einzelfall zu prüfen und nur für eine Mehrheit möglicherweise relevant. Das mögliche statistische Ergebnis auf einen Einzelfall *therapeutisch* anzuwenden, kann völlig in die Irre gehen, wenn hinter der Monster-Serie eine ganz andere Person und *nicht* der Vater steht.

Die Ansätze einer psychoanalytischen oder psychoästhetischen Theorie genügen für eine hinlängliche Beschreibung der Produkte von Geisteskranken ebensowenig wie der von Kindern. Das belegen nicht nur die Bücher von Navratil.[144] Wurden die Zeichnungen Geisteskranker zunächst für das diagnostische und prognostische Interesse relevant, so begann man später die Beziehung des Stilwandels, der Gestaltungsfähigkeit und der Änderung der technischen Ausdrucksmittel zum Krankheitsverlauf herauszuarbeiten. Das Buch von Prinzhorn[145] aus den 20er Jahren gilt hier als Pionierleistung: Es entwickelt eine Art *funktionellen Strukturalismus*, der davon ausgeht, daß in jedem Menschen eine Reihe von Funktionen latent liege, die unter bestimmten Bedingungen überall und immer zu wesensgleichen Abläufen zwangsmäßig führen.

Psychiater mit bildnerischer Intuition haben heute die Fähigkeit, Krankheitseinheiten in Bildern Geisteskranker zu erkennen; d. h., sie erkennen die gleichen Bildeigenschaften diagnostisch im Hinblick auf die Krankheitsformen. Ob sie diese ihre Erfahrungswerte zeichentheoretisch genau beschreiben können, ist eine andere Sache. Jakab kommt zu den widersprüchlichen Ergebnissen, nach denen Bilder der Geisteskranken in keinem Zusammenhang mit den in der Kunstwissenschaft anerkannten Stilarten stehen, daß Geisteskrankheit keine talenterzeugende Wirkung hat, daß Paranoide bei Krankheitsschüben originell zeichnen, sonst aber banal und daß der Verzicht auf technische und ästhetische Vollendung nicht nur eine Eigenart von Geisteskrankheiten ist.[146]

Die Neigung zum Schematisieren und zum Gebrauch geometrischer Formen zeigen alle Geisteskranke; Gesunde zum Teil auch; negativ läßt sich nur ausmachen, daß Geisteskranke Bewegungen *nicht* darstellen können. Andere Kriterien sind als isolierte Eigenschaften wenig überzeugend: »Brutalität der Linien«, »brüske Strichführung«, »Isolierung von Formen«, »schreiende Farbkontraste«, »Mangel an Komposition«, »falsche Perspektive«, »Rhythmusstörung«, »Mißklang in den Ausgangsmotiven«, »grobe Linienführung« usw.[147] Geisteskranke malen oft »prähistorisch« und totemistisch; aber nicht immer. Ein Paranoider empfand Erleichterung, nachdem er ein Tier gemalt hatte, von dem er sich verfolgt fühlte. In schweren Krankheitszuständen wird oft schwarz verwendet; monochromes Schwarz wird aber auch von manchen englischen Plastikern bevorzugt. Wo immer man nach konstanten Kriterien greifen will, zerrinnen sie unter den Fingern. Und selbst, wo Kriterien einander zugeordnete Ensembles bilden – Schizophrenie als »Verdichtung, Symbolik, Bildhäufung, Stereotype, Festhalten und Überarbeiten, Mangel an Integration, chaotische Organisation, Wahl unangemessener Farben« – bleibt der Eindruck von begrifflicher Willkür. Nach Prinzhorn ist die Bildnerei des Geisteskranken eine »autistische Bilderschrift, zu der nur er selbst den Schlüssel besitzt«; also auch hier keine kollektiven Symbole, keine Jungschen Archetypen; vielmehr kann man die Bedeutung nur aufgrund der von dem einzelnen Kranken gegebenen Information verstehen. Sagt ein Kranker, die Ziffer 2 bedeute für ihn Reichtum, weil 2 mehr als 1 ist, so entfallen alle zahl-alchemistischen Mechanismen. Prinzhorn bestreitet die Existenz von Merkmalen, die die Werke kranker Künstler mit *Bestimmtheit* von denen der gesunden unterscheiden lassen. Es ist zudem bislang nicht ausgemacht, ob der Kranke in dem, was er malt, weniger den Wahn usw. als vielmehr gerade das festhält, worin er intakt und sein noch gesundes Moment stabilisiert. Die Psychoanalyse will uns einreden, daß *krank* und *gesund* nur ein quantitativer Unterschied sei. Solange dies nicht geklärt ist, ist der Erkenntniszuwachs durch Bilder von Geisteskranken bereits apriorisch eingeschränkt. Wahrscheinlich gibt es ohne Kenntnis der sozialen und individuellen Geschichte eines Werks und seines Autors keine Erkenntnis und keine Urteilsmöglichkeit, ob der Verfasser geisteskrank ist oder nicht, ob die Symbole unbewußt ins Bild geraten oder nicht usw.

Es geht heute transdisziplinär um Zusammenarbeit der Theoriebildung aller Medien, wobei keines der Ereignisse der Kunstwissenschaft und ihres begrifflichen Instrumentariums verlorengehen darf, auch nicht, insofern es als Moment der Psychiatrie, der Psychoanalyse, der alten »Kunst des Sehens« dem ideologiekritischen Verdikt verfällt.

Als Variante des Automatismus gilt der innere Monolog

> »(...) als ich noch Mädchen war wo ich eine Blume der Berge war ja als ich die Rose mir ins Haar steckte wie die andalusischen Mädchen es immer taten oder soll ich eine rote tragen ja und

> wie er mich unter der maurischen Mauer küßte und da dachte ich er so gut wie ein anderer und dann bat ich ihn mit den Augen mich noch einmal zu fragen ja und dann bat er mich ob ich wollte ja ja zu sagen meine Gebirgsblume und dann umschlangen ihn meine Arme ja ich zog ihn herab zu mir daß er meine duftenden Brüste fühlte ja und ganz wild schlug ihm das Herz und ja ich sagte ja ich will Ja« (Ende von Joyce' *Ulysses*).

Als Variante des Automatismus gilt der *innere Monolog.* Franz. *Monologue intérier,* zunächst eine Erzähltechnik des Romans, wobei sich der Autor dem Bewußtseinsstrom seiner Gedanken, Gefühle, Regungen hingibt. Bedeutsam für seine Entwicklung war die Lebensphilosophie, Bewegungs- und Intuitionslehre von H. Bergson. Literaturgeschichtlich datiert der innere Monolog seit 1877 mit Garschins *Vier Tage,* Dujardins *Les lauriers sont coupés* 1888, Eggers *La parole intérier* 1881. Joyce dehnte den inneren Monolog des Bewußtseins zu dem des Vor- und zum Teil Unterbewußtseins aus. In Assoziationen, Überlagerungen usw. erscheint der typische *innere Monolog* ohne Punkt und Komma, entsprechend dem letzten Kapitel des *Ulysses* (1929) und *Finnegans Wake* (1939). Arno Schmidt nennt zudem noch die Engländer Sterne *(Tristam Shandy),* Smollett *(Humphrey Clinker)* und L. Caroll *(Sylvie and Bruno)* als Joyce-Vorläufer – alle vor Freud.[148]

Daß sich Joyce psychoanalytischer Techniken bedient hätte, wurde von ihm selbst abgelehnt. Daß es dennoch bewußte Zusammenhänge zwischen *Finnegans Wake* (Wake = festliche Totenwache, Fin = Ende, Egan = again/wieder – Wiedererwachen des Leichnams) als einem komplex verflochtenen und komponierten Traum mittels Verdichtungen, Überdeterminationen, Symbolverschiebungen usw. und Freuds *Traumdeutung, Gegensinn der Urworte* u. a. gibt,[149] bleibe dahingestellt. Breton beurteilte den inneren Monolog am Ende des Ulysses als zu bewußt und künstlich: eine Nachahmung des Lebens ohne Spontaneität. Sicher steht die Untersuchung aus, inwiefern die kompakte Großform des Joyce-Romans das automatische Prinzip aufhebt und über die Assoziationen ein Netz legt, dessen Verknüpfung positiv-negative – möglicherweise katholische – Symbolismen darstellt.

In bewußtem Rückgriff auf Joyce und Freud steht Arno Schmidts Hauptwerk *Zettels Traum,* die Arbeit von vierzehn Jahren. Es beschreibt ähnlich *Ulysses* 24 Stunden Lebenslauf. In diesem Fall 24 Stunden eines Sommers 1968 auf der Heide. Ehepaar mit Tochter besucht einen Jugendfreund und Schriftsteller (Pagenstecher) wegen der Neu-Herausgabe der Werke Edgar Poes. Heide, Wald, Dorfteich und ein Haus bilden die Kulisse für Pagenstechers Dozentur über Poe, die die Handlung, die Figuren usw. determinieren. Oswald Wiener[150] hält die übrigen Figuren für syn- und antithetische Ergänzungen zum Monolog des Autors, wobei die beiden weiblichen Gäste das *Realitätsprinzip* (niedriges Niveau und schwatzhaft unsympathisch die Mutter) und den »Spießertraum« Pagenstechers darstellen (rückhaltlose Bewunderung durch den Teenager). Ein Friedhof ist Anlaß zur langwierigen Erörterung von Sexualität und Analerotik, ein Ersatzpenis macht die Runde, die Vorliebe für Prostitution wird erörtert. Wiener nennt Schmidts Schrulligkeit die »Eroberung des Weibes durch Philologie«. Bildung hat ihr Gegenstück in der »geschwärmten Lebenserfahrung und (Herzens-?) Bildung der Huren«. Das Buchmonstrum – 1334 Seiten, 32,5 auf 44 cm, Faksimile des Typoskripts – folgt *Finnegans Wake* betr. Einstellung zum freien Wortgebrauch, dem *Ulysses* betr. Erzähltechnik und der Psychoanalyse betr. Theorie. Das Prinzip der *Verschiebung* benutzt Schmidt für die Orthographie.

> »Nimm diese ‚Uhren', die ja auch überall bei ihm tick'n: die ‚clock=clocks', weil die Kloake anklingt; und der ‚cloac', der Mantel der christ'lichn Nächstinnen (V=)Liebe: da wakklt/wagglt das Pen(i)dl unermüdlich; ‚tick=tack' heißt Xen; und ‚tickle' ist kizzln; (und das ‚Klopfn in der Clitoris' spielt in FREUD'S Analysn so mannichäe Rolle). Und ne clock iss ne ‚watch'; und ‚to watch' iss voyiern; und ‚the pendulum vibrates with a deeper meaning' (METZENGERSTEIN).«
>
> »(Ers 'ma Meine paGlieda zusammrAffn; und hoch & runter stollpern –; .... – ? –/rechts Gomorrh-müll, à la ‚Darby & Joan': „ñà ! –" schnarrchde der (zweifllos) laichd=geschürzDe Knote; über Seim WalpurgisSack. —/ —&=Lynx ? — (dän im= Bad war auch=‚Jemand' !; (‚nu rate mal')) –/(:Kommkomm= raus !–: ‚son las dos : el cielo es sereno'!; –(?–): & es stang

tatsächlich=heran durch die Nacht, wie wenn Ich schonn ‚feuerde'!; loco=motivische reMembrances Meiner Kinder=FeerienReisn kamen mir ein . . . (:zoo=phil im=Kopp!))«

Die Worttechnik ist durch die Erzähltechnik, die sich auf den verschiedenen Ebenen (Dozieren über Poe, Handlung in Bruchstücken, Verschiebungen wie Poes kindliche Frau = Pagenstecher/Teenager als Greis-Jungfrau-Beziehung usw.) bewegt, ergänzt, wobei Poes angeblicher Voyeur- und Exhibitionismus, seine »KloGrübelei« im »geheimen Centrum all seines Dichtns & Trachtns(. . .): 'das Klo im Puff', Syphilis, erotische Strangulationsspuren und die Ursache all dessen: Impotenz« – hinzukommen. Wiener kritisiert in diesem Zusammenhang auch die psychoanalytisch motivierte Sprachphilosophie, die hinter solchen Unternehmungen steht, wobei die Unklarheit vor allem darin besteht, daß Freud das Funktionieren der Sprache »einfach aus Assoziationen akustischer und optischer Erinnerungsbilder erklärt«, die an die »halluzinatorische Wunscherfüllung« des Säuglings gebunden sind, soweit es um Sachvorstellungen geht. »Es ist bezeichnend für die Zeit Freuds, daß dem semantisch-ontologischen Standpunkt (Worte bedeuten Dinge) auf Kosten des pragmatischen, kommunikativen (Bedeutung als Funktion der Kommunikation) die Alleinherrschaft eingeräumt wurde.« Dem *Zettels Traum* aber bleibe das Manko, die Freudsche Traumdeutung benutzt zu haben, ohne an ihre Voraussetzung irgendwelche Gedanken zu verschwenden. Schmidt verbessert lediglich das späte Freudsche Modell (Es-Ich-Überich) »durch Anfügung einer vierten Instanz 'Humor', die nur Männern erreichbar sei, und auch nur 'genialen' nach eingetretener Impotenz«.

Die Wut zu sammeln macht Schmidt zur Doktrin seines Autors: »Die Bestimmung des Menschen (. . .): große-Massn von Details zu sammln; und durch den Druck zur Aufbewahrung zu gebm.« Mythologie-Theorie als Registrieren, als Historismus. Dichtung als Katalogisierung von mehrdeutigen Worten »des oberen Teils des Unbewußten«: »Etymps« als literarische Urtypen, die nicht mehr befragt werden. Die Anpassung an die formale Ästhetik des Traums, wo die Formen sich vergrößern, sich vervielfältigen, wo die Visionen vom Trivialen ins Apokalyptische oder Alptraumhafte übergehen, wo das Hirn die Wortstämme benutzt, um andere Wörter daraus zu bilden, die es möglich machen, seine Phantasmen, seine Allegorien, seine Anspielungen zu benennen, hat jeden inhaltlichen Bezug zur Wirklichkeit verloren. Deshalb spricht sich Schmidt offensichtlich gegen die Jugend aus; er scheut ihre kreative Kombinationsgabe, die Symbol- und Entmythologisierungsleistung, die das lexikalisch Angelesene kraft neuer Zuordnungen überwindet. Man bewegt sich nur noch im Friedhof überkommener Mythologismen. Endstation eines, der »verzichtet hat, zu existieren«, so Arno Schmidt über sich selbst.

Was bleibt? Die Methode der Traumanalyse beruht auf dem Prinzip, alles zu beachten und mitzuteilen, was durch den Sinn geht, sich nicht verleiten zu lassen, einen Einfall zu unterdrücken, weil er unwichtig ist, nicht zum Thema gehört oder unsinnig erscheint. Die differenzierte Artikulation, die erst später auf höheren Ebenen selektiv reduziert wird, ist das wesentliche Moment; der nach außen gekehrte innere Monolog, die rhetorische Entäußerung, ist das, was die Diagnose bzw. Analyse und die darauf aufbauende Therapie einleitet. Mag auch der Patient im Grunde nicht sehr viel mehr als das produzieren, wovon er meint, daß sein Therapeut es hören will, die motorische Rhetorik, die bei solcherlei immer angeworfen wird, ist das Moment, das aus der Erfahrung und Tradition des Liturgischen und Kultischen kommt. Ob die Beichte als Ritual solchen Monologisierens die Kinder der Kirche weniger krank werden läßt als die säkularisierten Bürger, die sich eine Psychoanalyse, d. h. eine säkularisierte Beichte einschließlich Nach-Sozialisation per Übertragung nicht leisten können, ob der Automatismus also nur ein Teilbereich einer umfassenden und zu Handlungen führenden Sprache ist, um die eigentlichen Zusammenhänge des Alltagslebens aufzufangen und zu reflektieren, all dies wäre zu reflektieren in einer Zeit, die den geschichtlichen Zusammenhang zur Rhetorik völlig verloren hat und die noch mehr als jemals zuvor eine Marktplatzgemeinde des massenkommunikatorisch vermittelten Wortes ist. Insofern geben wir dem Automatismus für die Zukunft einen Stellenwert. Die surrealistische Sprache als Implikation von Automatismus und Kollektivität, nach Breton Modell für zukünftige Kommunikationsformen auch des Dialogs, hat in Habermas' Vorstellung vom *herrschaftsfreien Diskurs* ihren philosophischen Nachfahren gefunden: geht es Breton um die Aufhebung von Poeten und Nicht-Poeten, so Habermas um die von Bürgern und Nicht-Bürgern. Insofern hat Automatismus keinen umgreifenden Modellcharakter für jede Art von Kommunikation,[151] wohl aber im Gesamtrahmen der Erkenntnis und Logik von Medien ihren abhängigen Ort.

III Bedürfnisse und Totalität

(Geschlechtsrollen)

»Zunächst die Mutterfixierung, die den Übergang zu einem andern Weibobjekt erschwert.« (S. Freud)[152]

Wenn uns die Bilder belegen, daß der feudale und bürgerliche Mann bis ins 18. Jahrhundert hinein – von den 85% Landarbeitern und Bauern abgesehen – seine Beine zeigte und sich auf mannigfache Weise putzte, so fragt man sich, ob denn die Frau als ganz einseitiges Sexulobjekt erst ein Prozeß der späten bürgerlichen Revolution ist und mit der Industrialisierung gleichsam korrespondiert. Die einseitige Hinwendung zur Ethnologie und Tiersoziologie verstellt uns den Blick dafür, was uns die menschliche Geschichte an verschiedenen Streuungen von Merkmalen, die wir heute einseitig diesem oder jenem Geschlecht zuweisen, präsentiert. Die unternehmerischen Zunftmeisterinnen des Mittelalters, deren Niedergang uns Bebel schildert, sind ein Indiz für Ansätze. Wenig gegenwärtig ist auch die Tatsache, daß die ausgebildete *Mariologie* und das komplementäre *Zölibat,* d. h. die Institutionalisierung und Ideologisierung der Geschlechtertrennung und des -unterschieds ein gegenreformatorischer Akt ist, in den sich der *Hexenwahn* nahtlos einpaßt. Wenngleich die Wurzeln zu diesen Erscheinungen im Neuen Testament, bei den Patristen u. a. gelegt wurden: die Vorstellungen waren erst in der Gegenreformation realisierbar. Erst hier wurde Religion endgültig zur »Denkhemmung«, »Denkschwäche«, zum »Denkverbot« als »kollektiver Neurose«.[153] Konsequent im Widerspruch, steht Gott für die Surrealisten für alles, was es an »Niederträchtigem, Besudeltem, Groteskem« gibt.[154] Herrschaft des patriarchalen Vaters, institutionalisiert als päpstliches Prinzip, ist bei Francis Bacon ein zerstörtes, in Auflösung befindliches, von Gei-

Francis Bacon, Papst mit Fächerbaldachin, 1951

steskrankheit gezeichnetes Porträt[155], mächtig als symbolischer Kadaver und Ritual der Massenkommunikation. In die Leerstellen einer Welt, in der dem Kind die Auseinandersetzungen mit dem *leiblichen* Vater genommen sind, bleiben die Trostbilder der Literatur und Kunst, die Bilder der Einsamkeit und des Ekels, die das bürgerliche Triebschicksal befestigen wollen, eingelassen: die unheilvolle Ausstrahlung der Frau, als mythisches Programm vorgegeben, wird zu einem Wer-frißt-wen-Standpunkt universalen Kannibalismus. Typisch in Sartres Lehre des Ekels – als eine den realen Dingen inhärente Qualität. »Der Ekel wird mich nicht so bald verlassen; ich erdulde ihn nicht mehr; er ist keine Krankheit mehr und auch nicht eine Schrulle: er ist sich selbst.«[156] Die Prostituierte als die Heilige des Untergrunds korrespondiert in einem übergreifenden ökonomischen und kulturellen Rollen-System mit der Säkularisation der Mariologie, die die Surrealisten betrieben haben. *Gradiva-Nadja* ist das von Breton verfolgte, schwer zu fassende Liebesprinzip: das »mythische Weib«, die »konvulsische Schönheit«: Im Surrealismus wird die orgiastische Fähigkeit, der ausschweifende Gebrauch der Sinne, das Boudoir de Sades[157], die Frau schlechthin gefeiert wie das große Versprechen auf eine bessere Welt. Aber sie bleibt Objekt und Maschine, die man um dieser Hoffnung willen und im Drang nach Analyse zerstückelt und aus der Welt schafft – in Geräten, die ihr zugeordnet sind wie der Staubsauger oder die Salatschüssel; dort findet sie sich am Ende wieder, ohne Maske und in Einzelteile zerlegt wie in einem Bild von J. Dobrodzek. Die Frau der Surrealisten lebt nicht. Sie ist eine Puppe, ein »Objekt« – um mit Mark Twain zu reden –, eine Kaffeemühle.[158] Nicht nur Marcel Duchamps *Ready-mades* (= gebrauchsfertig) enthalten Hinweise auf Sexuelles. Die Treppe als Symbol geschlechtlicher Vereinigung erscheint in den Bildern ›Akt, die Treppe hinuntersteigend‹ und ›König und Königin von schnellen Akten umgeben‹. ›Die Neuvermählte‹ (1912) stellt ein sexualsymbolisches Apparatesystem von Gefäßen, Kolben, Trichtern, Hebeln, Leitungsrohren usw. dar: Inseraten ähnlich für Pillen, die den Organismus durchwandern, als wäre er ein System von Leitungen, Behältern und Röhren; nach Packart[159] dienen solche

James Dobrozek, Periferia, 1967

Bilder und Vorstellungen der tiefen Befriedigung des Hypochonders. Ihren Höhepunkt als esoterisch-erotisches Symbol feiert die Maschine in Duchamps Hauptwerk des ›Großen Glases‹ mit dem Titel ›La mariée mise à nu par ses célibataires, même‹ (1915–23) – zu deutsch etwa: ›Neuvermählte, von ihren Junggesellen entblößt, genau das‹: ein aus zwei Teilen bestehendes, beinahe 3 Meter hohes Transparentbild aus verschiedenen Materialien, dessen theoretische Zettel-Beigaben in Schatullen ein unendliches Rätselraten über die Bedeutung der Elemente des Bildes, gesteigert durch die Zufälle des späteren Glasbruches und der Erklärung als »endgültig unvollendet«, ausgelöst haben. Duchamps letzte Arbeit präsentiert eine dreidimensionale nackte Frau, die, rücklings gesehen, einen Glühstrumpf hochhält, während im Hintergrund eine Landschaft mit Wasser zu sehen ist.[160]

Bei Konrad Klapheck ist die Schreibmaschine männlichen Geschlechts, die Nähmaschine – ›Braut, Mutter und Witwe‹ – weib-

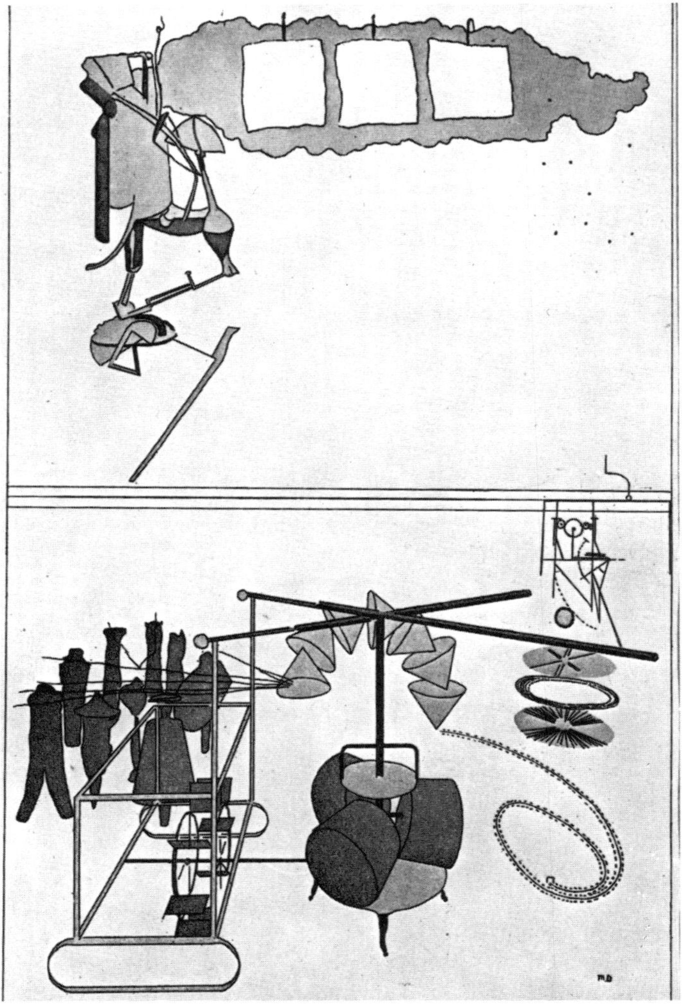

Marcel Duchamp, Die Neuvermählte von ihren Junggesellen entkleidet (Das Große Glas), 1915–23 (Motive des oberen Teils: Motor der Verheirateten / Pfleger oder Jongleur der Schwerkraft / Einschüsse / Luftzugkanäle. Unterer Teil: Schokoladenquetsche / Krawatte / Bajonett / Schere / Schlitten / Moules mâlic (Priester / Laufbursche / Gendarm / Kürassier / Schutzmann / Leichenträger / Diener / Piccolo / Bahnhofsvorsteher) / Siebe / Abflußböschung / Ausspritzung / Augenzeugen / Boxkampf / Gewand der Ehefrau)

lich; Wasserhähne und Duschen symbolisieren Sex-Appeal, das Telefon das Über-Ich.[161]

Der Zwangscharakter, der hinter der Maschine als Sexualakt steht, manifestiert sich bei Dali als »kritische«, d. h. bewußt gemachte *Paranoia.* Die Freudsche Studie über einen »(...) Fall von Paranoia« (1911) beruft sich auf die Selbstdarstellung des Senatspräsidenten Schreber (1842–1911),[162] der sich in seinen Wahnphasen für berufen hält, die Welt zu erlösen und ihr die verloren gegangene Seligkeit wiederzubringen. »Das könne er aber nur, wenn er sich zuvor aus einem Mann zu einem Weib verwandelt habe.« Der Wahn ließ ihn direkt mit Teufel und Gott verkehren, – »ohne Magen, Blase, Därme, Lungen, Leber, »mit zerrissener Speiseröhre«; den Kehlkopf habe er »manchmal zum Teil mit aufgegessen«. Schreber hielt sich für »tot und angefault«, für pestkrank, wähnte, daß an seinem Körper allerhand abscheuliche Manipulationen vorgenommen würden ...«. Massenhaft »weibliche Nerven«, so wähnt er, sind bereits in seinen Körper übergegangen; durch »unmittelbare Befruchtung Gottes« werden neue Menschen daraus hervorgehen. Die Motive solcher femininen Phantasien, seine feminine Einstellung zu Gott – schön, ein Weib zu sein, das ihm im Beischlaf »unterliege« – liegt nach Freud in seiner Kinderlosigkeit sowie in der verdrängten Homosexualität, die im Zwang der Verdrängung den Weg in den paranoiden Wahn ging.

Inwiefern bei Dali in seiner Identifikation mit Gala ähnliche Dispositionen vorliegen und durch Lektüre von psychoanalytischen und sexualpathologischen Fallstudien bewußt wurden, wäre anhand von Quellen, Bild-Analysen, Interviews usw. genauer zu untersuchen. Sicher spielt hier das spanische Selbstverständnis beträchtlich hinein: Der spanische Mann scheint im Abtöten seiner femininen Komponente – ritualisiert im Stierkampf – mitunter ein äußerstes Extrem von Phallozentrismus und Narzißmus entwickelt zu haben. Bei Arrabal findet man dies in Bildbänden und Filmen gehäuft – symbolisch oder direkt; gedämpfter, weniger neurotisch bei Picasso. Möglich, daß am äußersten Ende solche 'Männlichkeit' gleichsam in ihr Gegenteil umschlägt: an sich selbst irre geworden, erscheint das Heil außer-

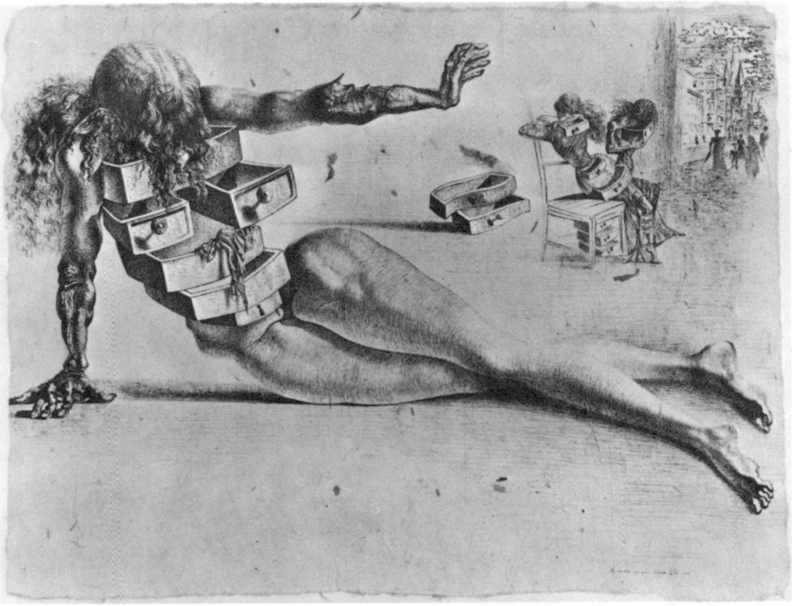

Salvador Dali, Die Stadt der Schubladen, 1936

halb des eigenen Geschlechts ein vages Suchen in leeren Schubladen. Daß Dalis Phallozentrismus ungebrochen und der 'paranoide Feminismus' als »kritischer« Wahn, als paranoide Geistestätigkeit, »spontaner Irrationalismus«, »deliröse Analyse« usw. usw. nur ästhetische Arabeske ist, belegt eine Tag-»Träumerei«, die er veröffentlicht hat. »Es handelt sich, kurz gesagt, darum, den Akt der Sodomie (...) im Stall, den ich soeben mit dem des Traumes identifiziert habe, zu verwirklichen. (...) Dulitas Mutter, eine ziemlich schöne, etwa vierzig Jahre alte Frau, eine immer schwarz gekleidete Witwe, verliebt sich wahnsinnig in mich und ist aus Masochismus mit meinem Einfall, ihre Tochter zu sodomieren, einverstanden, ja gibt sich sogar dazu her, mir bei dieser Tat voller Eifer und Ergebenheit zu helfen (...) Am selben Abend soll Dulita alles von der Gallo und ihrer Mutter erfahren, nämlich daß ich kein Taubstummer sei und sie in drei Tagen mitten in den Exkrementen des Kuhstalles sodomisieren werde. (...) (...) Ich habe ein überwältigendes Vorstellungsbild, ich sodomisiere Dulita. (...) (...) In diesem Augenblick verspüre ich eine Erektion und onaniere, indem ich mir den Penis gegen den Bauch schlage. (...)« Freud ließ sich in seinem Londoner Exil von Dali besuchen und schrieb darüber an Stefan Zweig, er sei bislang geneigt gewesen, »die Surrealisten, die mich scheinbar zum Schutzpatron gewählt haben, für absolute (sagen wir fünfundneunzig Prozent wie beim Alkohol) Narren zu halten. Der junge Spanier mit seinen treuherzig-fanatischen Augen und seiner unleugbaren technischen Meisterschaft hat mir eine andere Schätzung nahegelegt. Es wäre in der Tat sehr interessant, die Entstehung eines solchen Bildes analytisch zu erforschen. Kritisch könnte man doch noch immer sagen, der Begriff der Kunst verweigere sich einer Erweiterung, wenn das quantitative Verhältnis von unbewußtem Material und vorbewußter Verarbeitung nicht eine bestimmte Grenze einhält.«[165] Weder Paranoia noch Homosexualität werden ästhetisch problematisiert. Die Briefstelle belegt Freuds Interesselosigkeit für Vorgänge der modernen Kunst. Es war wohl zu spät für einen ausholenden Dialog.

Das surrealistische Frauenideal der Luxuspuppe entäußerte sich auf der Pariser Ausstellung 1938 als Mannequin-Galerie. Was lebte, waren allein Weinbergschnecken auf Abendkleidern. Auf der Ausstellung 1959 dinierte man *sur la femme nue,* auf der nackten Frau.[166] Die Werbung hatte inzwischen das Rollenbild – Mode eingeschlossen – übernommen. Der Fetischismus, der stets ein Element der Selbstzerstörung in sich trägt, war fertig: Meret Oppenheim präsentiert ›Ma Gouvernante‹ als weißes Damenschuhpaar auf silbernem Tablett, versehen mit der Papiermanschette herrschaftlicher Küchen. Bei Hans Bellmer erscheint die visualisierte Paranoia als minderjährige, maschinelle Gliederpuppe und ständig permutierendes, bewußtloses Trieborgan. Exzessiv sexuell, trotz Beschädigung fortwährend das Geschlecht anrufend, erscheint der Wahn bei Wunderlich und Janssen. Die ästhetisierte androgyne Neurose, ein zwanghafter, aus der Vaterlosigkeit kommender Wahn, korrespondiert zu

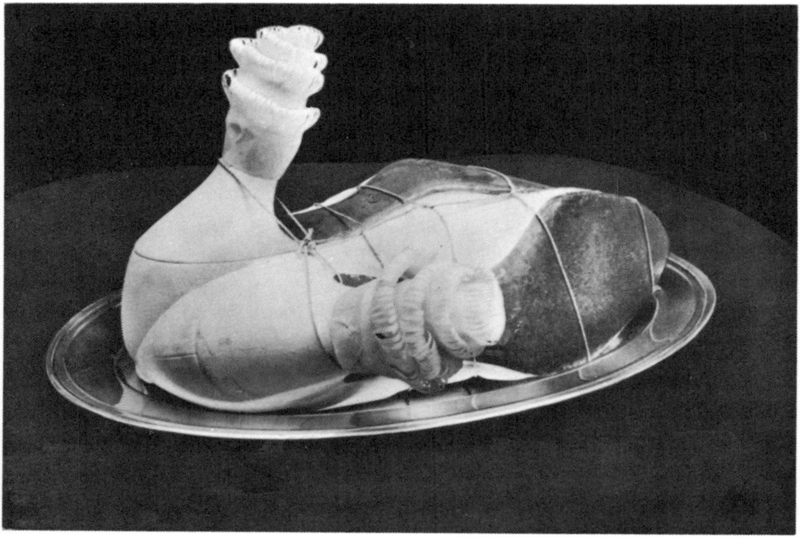

Meret Oppenheim, Ma Gouvernante, 1936/37

E. T. H. Hoffmanns Olimpia; der Realitätsbezug ist aufgehoben, das Ganze verloren; womit die beliebige Verschiebung der Teile möglich wird: Vagina wird Brust, Brust wird Achsel, Achsel wird Mund, Mund wird Nase, Nase wird Penis. Die bildliche Einlösung des *Penisneids*, wie er im psychoanalytischen Modell universalen Zwangscharakter hat, dem keine Frau – der Theorie nach – entkommt (jede ist *neidisch*, *narzistisch*, *masochistisch* usw.)[167], ist vollzogen. »Der Begriff der Sexualität (...) geht nach unten wie nach oben über den populären Sinn hinaus. Diese Erweiterung rechtfertigt sich genetisch; wir rechnen zum 'Sexualleben' auch alle Bestätigungen zärtlicher Gefühle, die aus der Quelle der primitiven sexuellen Regungen hervorgegangen sind, auch wenn diese Regungen eine Hemmung ihres ursprünglich sexuellen Zieles erfahren oder dieses Ziel gegen ein anderes, nicht mehr sexuelles, vertauscht haben.«[168] Indem Freud *eigentliche* Sexualität als *populär* diskreditiert, ermöglicht er, *Hemmung* als Motor der *Verschiebung* zu begreifen.

Einen Vollzug des freudistischen Programms präsentiert die *Wiener Schule des Phantastischen Realismus.* In Ernst Fuchs' ›Hochzeit von Sonne und Mond‹ ist das Instrumentarium der Traumsymbolik zur mystisch-sexuellen Ekstase, der Sadomasochismus zum klassizistischen Akt geronnen, umstellt von Speeren, Hellebarden und anderen Vollstreckungswaffen. Cherubsköpfe, Sphinxbusen, Einhorn, Drachen u. a. bezeugen in den Fuchs-Bildern die Anachronismen, die in der Kirche und ihrer Welt präsent sind. Nöte des Krieges, des Wahns; Totentänze, Kreuzigungen, Moder. Heilige aus den Gräbern, entblößt, das Fleisch zerfressen, die Bischofsmütze auf dem Kopf, die automatische Pistole in der Hand. Sarkophage und Messe-Utensilien finden sich neben Gasmasken und Schießgeräten. Bosch und Grünewald verbinden sich mit George Grosz, die Propheten des alten Bundes mit denen der technisch-zivilisatorischen Welt. »Mystisch-alttestamentarische Fabeln« als Material ohne Bewertung.[169] Maria thront mild und tröstend. Christus – Selbstbildnis des Malers – zeigt seine Wundmale. Ungeklärt bleiben die von den Vorbildern übernommenen Motive der Angst.

Ähnlich fatalistisch Rudolf Hausner: Überladen mit Weiblichkeitssymbolen verbleibt im Zentrum der *Arche* – Adam, mannigfach zerstört, wiedergeboren und doch zerfressen. Draußen in der Welt des Meeres und der äußeren Wirklichkeit ist Krieg. Im Innern wiedergebärt sich ein isolierter Uterus. Aber der Versuch der Frauen, den Partner zu rekonstruieren, ist in dem Kleiderständer-Symbol negativ objektiviert. Bei aller Überladenheit mit uterinen Motiven, schwangeren Ei-Symbolen ist es die vom Mann bestimmte – und verratene – Welt. Das Kriegsgeschehen hat die Suggestion von unumgänglichen Naturkatastrophen; die Hinwendung zur Frau als einer ausschließlich Gebärenden beinhaltet die Verinnerlichung naturwüchsiger Rollenzuweisung, deren ökonomisch-soziale Organisation auf dem Gleichgewicht des Schreckens und der Möglichkeit des Krieges noch immer ruht. Die Symptome einer kranken Welt sind traumatisch barock im Gelb der nach oben schwebenden Blase gleichsam alarmhaft 'metaphysiert': das Kind – ein Fahl-Mongolides ... Ambivalent bleibt die Therapie für die verängstigten Opfer des Ödipats und seiner Zerstörung, zur Apokalypse geronnen. Auf rettende Symbole und Modelle hat solche Kunst als Ausdruck ihrer Zugehörigkeit immer verzichtet. Es ist, als sehe sie ihre Aufgabe in der Leithaftigkeit der Theorie des *Todestrieb* als Sinnbild und Grundfigur. Die halluzinatorische Analyse, in der das Weibliche im Bild ›Penelope‹ geziert und grün und noch »zu Hause« ist, weicht zunehmend einer männlichen Welt und Besitznahme, gesteigert und zur Strenge des Selbstbildnisses monumentalisiert im ›Adam-Massiv‹. Der Mann als Arbeiter/Angestellter ahnt, daß seine Arbeitsleistung *Ware* ist und daß diese Ware die einzige ist, unter der er als Mensch gehandelt wird. Eine Vertuschung dieses Bewußtseins liegt insofern vor, als der Begriff *Ware* mit der selbstverständlichen Notwendigkeit der *Arbeit* austauschbar ist. Das männliche Prinzip ist bei Hausner ausweglos – Schicksal und Natur zugleich.

Nicht so Frauen. Weil sie – nach Aussagen der Werbung »durchschnittliche Hausfrauen, gleichgültige, sparsame, saubere Hausfrauen« – *noch nicht* Arbeiterinnen sind, noch nicht Arbeit verkaufen, gehören sie den Grund-Naturalien als Objekte zu. »Frau als Ware« ist weniger richtig als »Frau gehört zur Ware«, ist deren Teil, und »Victor, der Eroberer, Männer, die sich« mit »Herrenserie für Erfolgreiche« »durchsetzen« – mit Napoleon-Hut *massiv*, »30 % Alkohol 100 % Mann *Wella-form* (...) herb – frisch – männlich« – sind das Komplement: Der Unterschied zwischen Kunst und Werbung liegt hier in der artifiziellen Qualität –. Gehalt und Inhalt sind identisch.

Die bildende Kunst hat diese Symbolwelt immer wieder parodiert. In einem der ersten Schlüsselbilder der Pop-Art, Hamiltons ›Just what is it that makes to-day's homes so different, so appealing?‹ *(Wieso sind die Wohnungen heute so anders, so ansprechend?)* sieht man einen Muskelprotz aus einem Bodybuilding-Magazin und eine Strip-tease-Tänzerin mit Paillettenbrustschmuck in einer 08/15-Warenhausumgebung. Der Muskelmann trägt einen riesigen Lutscher in Tennisschlägergröße mit dem Wort POP in großen Buchstaben. Das Bild ist eine Collage aus Illustrierten und Werbeannoncen. Dieser anfängliche Impetus einer Konsumkritik ist von der Macht der Produktions-Werbung

Richard Hamilton, ›Wieso sind die Wohnungen heute so anders, so ansprechend?‹, 1956

wieder eingeholt worden: Rauschenberg arbeitet wertfrei mit illustrativen Verfahren als Seeleningenieur von Idolen wie Kennedy u. a., Andy Warhol schablonisiert Warenartikel in blanker Reihung und erhebt die *formalisierte Reproduktion* der Werbung zum Kunstprinzip dessen, der gern Maschine und nichts als Maschine wäre[170] – in der Täuschung jener, die in solcher *Vergrößerung* und *Häufung* bereits Kritik sehen.

(Zielgruppe Frau) In der Verschiebung von *Ware* auf *Mutter* bzw. »Objektweib« erscheint der Markt analog organisiert. Das Auseinanderfallen des Körperbildes, die »Reinigung« gegensätzlicher Zuordnungen für das, was in früheren geschichtlichen Phasen einmal Einheit war – nämlich die Teilhabe von Mann *und* Frau an der lebenstäglichen Produktion –, ist der Verlust des »natürlichen« Zusammenhangs: die Teile führen eine selbständige Existenz, sind »verworfen« und »verschoben«; ähnlich dem Achselhaar an Stelle des Mundes im *Andalusischen Hund* verschiebt René Magritte in *Viol* die Brust auf das Auge, den Nabel auf die Nase, die Scham auf den Mund. Der dunkle Baum ist als ›femme nue‹ benannt. Zuordnungen von Objekt und Wort werden im Sinne des freudistischen Programms geändert. Mutter – Natur – Ware ist die Assoziations-Schiene, die auf solcher Modellebene liegt. Daraus resultieren im Hinblick auf Hausfrauen die sanften Farbassoziationen grüner Küchen, bläulicher Wohn- und rosiger Badezimmer, gereinigt mit dem blumigen »Flüssigreiniger«, »*dor*-flüssig« bei »voller d*or*-Schonung«. Die Banken firmieren im saftigen Grün elterlicher Rasenflächen: Bank, »verschoben« als Familie für höhere Töchter, die das väterliche Ritual verinnerlicht haben. Das Leben ist um Haus und Küche rundum gebaut, die Mutter die große Mitte im strengen Moralkodex »seines« sicheren Hafens: keine Leidenschaft, keine schreienden Farben, statt Arbeit der sterile Glanz: »Schönheit« – Frau als »wunderbarer Markt« – als Steak, Obstsalat oder Eis, worin sie »mütterlich-natural« Zuneigung, Herzlichkeit – oder im Entzug – Strafe verteilt: Speisen als Waffen.

Scheinbar aggressiv für die Zielgruppe der Noch-nicht-(Wieder-)Verheirateten erscheint das Pferd, der Hund, das Tier in der Werbung, in die Wollust der Farb-Bäder getaucht. Aber *das* Tier gibt es nicht. Es ist eine unbiologische Konstruktion menschlicher Denkweise.

(Zielgruppe Mann) Das Gegenbild präsentiert Klubmitglieder, Ratsherren, Männer im Abendanzug, Sportler und Voyeure – Rollen, von denen man träumt. »Eine liebenswerte Kamera« ist *Sankyo* auf der »Leimrute« eines weiblichen Pos: »Weltmarke« »Natur« »für jeden der filmt«. »Fang sie lebendig« mit *Yashica*-Kamera – die Freundin beim Striptease: Die Renaissance des Gesäßes enttabuisiert *und* sterilisiert eine Zone. Die Erfüllung liegt nicht im Akt selbst, sondern im vorgeschalteten, »verschobenen« Konsum der Ware. Das Modell der Kindheit – die Mutter als nicht einlösbares Sexual-»Objekt« – ist das der »Produktkommunikation«, sprich: Werbung, zugrundeliegende Bild. »Stimulierend wie eine Meerwassermassage« – das spitzbrüstige Mädchen von »Seife Atlantik«. »Gracia« die *Grohe*-Armatur, schön wie das Modell, das vor der niedergehenden Sonne auf Wasser ruht, aus dem sich die blaue Armatur als geflügelter Schwan erhebt. Die Brust des Motorradmädchens bei *Philips* ist »energie-geladen« –: »Batterie« »mit viel Charme«. »Alternative zu einem schönen Mädchen: ein schweres Motorrad« – der Weg zu *ihr* geht über die Ware. »Metabo's Sechs-Bombe« – »Männer, greift euch die Neue« – Bohrmaschine – in den Händen eines Vamp – symbolisches Objekt einer fellatio. Die punktierten Körperstellen, »die Liebe empfinden«, sind nicht erogene Zonen, sondern Stellen für Goldschmuck – »Gold *ist* Liebe«. Die Werbe-Typologie zerlegt das menschliche Bild in Baukastenteile: halb Frau als Gallionsfigur, Brust als Trophäe, exotischer Körper in Diensthaltung, Bauch als kulinarisches Tablett, feuchter Blick als Alkohol, Kirsche als Brustgabe ... Waren werden über sexuelle Versprechen symbolisch vermittelt. Zuweilen machen sich Werbung und redaktionelles Layout den Rang streitig, als gelte es die programmierte 'Koitusumleitung' über Markenartikel pauschal zu festigen. Güter und Produkte erscheinen »zwischengeschaltet« zwischen Trieb und Triebziel, treten an seine Stelle. In einem zweiseitigen Layout zu dem *stern*-Roman ›Die Bosse‹ von Robbins (1970/74) liegen zwei Frauen als passive Gebrauchsmuster. Zigaretten signalisieren in stahlhartem Blau den 'Phalluseinsteig'. Das Fernsehgerät erscheint in sakralen Violett-Farben, worüber die Sonne untergeht. Ein Sportwagen ist phallisch figuriert – in Farbanalogie zum rosigen Frauenkörper. Die Brustwarzen gleichen Schnullern ... – Gegen diese 'hingegebene' Welt steht der Mann aufrecht hart und in Assoziation zu einer Reihung von Sternen, die

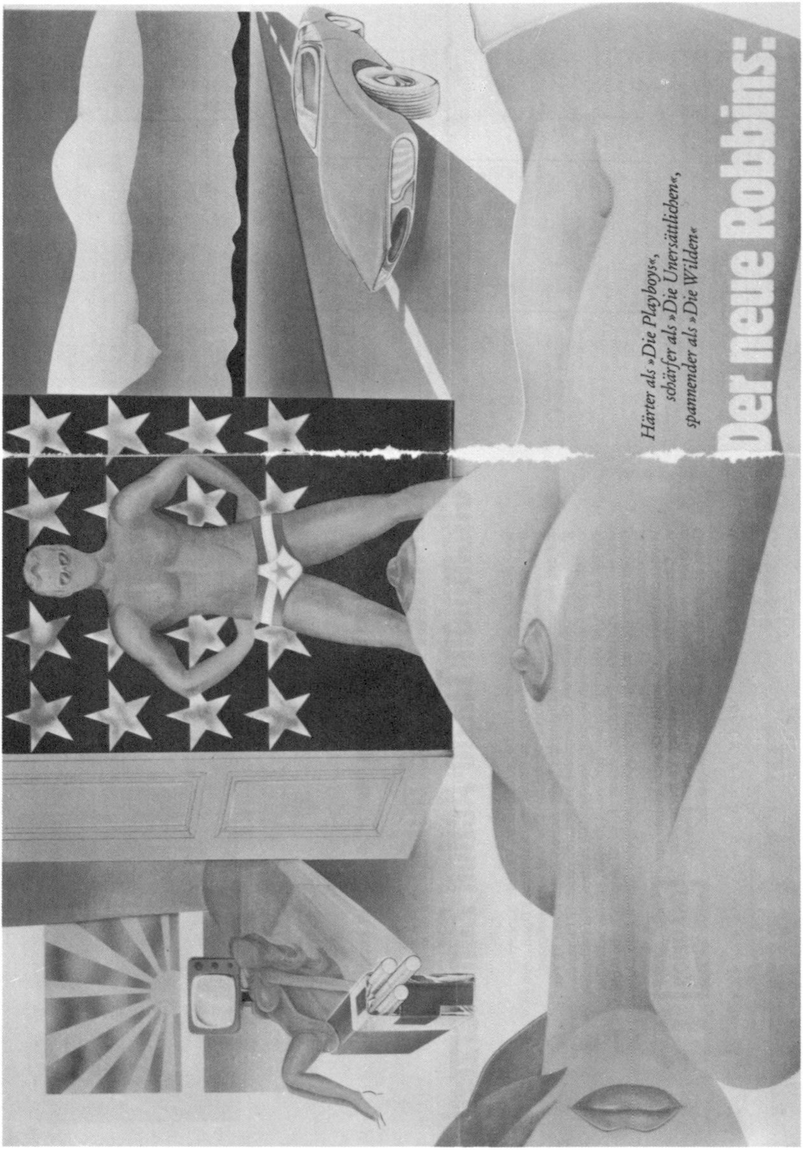

Layout zu dem ›stern‹-Roman ›Die Bosse‹ von Robbins, 1970, Nr. 24 ◁

als symbolisches Muster der US-Flagge entnommen scheinen. Das Gesicht entpersonalisiert – nur Sonnenbrille – ohne Mund und Nase. Die Badehose rot-weiß mit Stern. Landschaft und Natur über dem Sportwagen sind weiblich figuriert: Wolke als Frau ähnlich den Bildern des Surrealisten Gerber, auf denen Himmelsfetzen und Wolkenpfeiler als weibliche Hüften erscheinen. Arno Schmidt hat dies auch den Landschaftsbildern von Adalbert Stifter und Karl May unterstellt. Bilder von Oscar Dominguez zeigen mitunter prall-weibliche Wolken gleichsam als dampfende Natur. In dem Playboy-Titelbild Wandreys zu ›Die jungen Manager in der DDR‹ (J. Nawrocki, ›Gesellschaftssysteme kann man verändern – die wahren Träume eines Mannes nicht‹, Januar 1974) erscheinen alle hier beschriebenen Werbe-Klischees auf einer Seite: die Koppelung oraler Bedürfnisse mit

›Playboy‹-Layout Wandreys zu der Nawrocki-Story ›Die jungen Manager der DDR‹, Jan. 1974

Zigarette und Koituswünschen, die libidinöse Bindung Frau/Auto, wobei auch die roten Farben von Auto/Brustwarzen/glimmender Zigarettenspitze/Erfolgskurve der Produktion die Zuordnungen festigen. Der bläuliche Dunst der Zigarette verschiebt sich zu den Haaren hin, steht im Umfeld eines sehnsüchtig-blauen Himmels, eines tiefblauen Meeres; die Frau als Traumgestalt schwebt über einem abenteuerlich-gelben Sand ...

Steife Wäsche, Manschetten, Krawatten, Priesterkrausen und Bischofsmützen gehören zur Symbolstrategie einer heute disfunktional gewordenen Herrschaftskultur. Sicher 'bedeutet' nicht alles Steife, Längliche das männliche Geschlechtsglied. Aber die Werbung vermittelt solche Zuordnung und befestigt das geschichtlich bereits Absteigende als hintervötzische 'Volkskunst' im patriarchalen Zusammenhang. ›Men's Club (...) exclusive Herrenserie von Helene Rubinstein‹ wirbt mit einem geschmeidig-silbernen Delphin auf einer Zigarettenkugel. Ebenso deutlich ist die Herrenwasser-Serie ›Sir 4711‹ mit aufbäumendem Pferd, muskelstarkem Reiter, über-'kront' von einem doppelten Wappen nebst zwei Löwen, Adlersschwingen, Krone-Symbolen usw. Wappen sind immer ein Hinweis auf 'männliche Linie', auf strenge Monogamie und Prostitution als ergänzende Institution. Der Konsumaspekt der Sexualität steht in Relation zum kulturspezifisch erzeugten Mangel der Bedürfnisbefriedigung. Edward Kienholz zeigte 1961 mit *Roxy's* ein mieses Provinzbordell der 40er Jahre; Freudenmädchen sind aus Teilen von Schaufensterpuppen, Prothesen, Tierschädeln, Mülleimern und anderen Objekten zusammengebaut. Aber solche *Ambiente*-Kunst enthält weder eine Alternative noch eine Analyse des 'Kultur' gewordenen Triebhintergrunds, ja noch nicht einmal Information darüber, was Prostituierte tatsächlich tun, denkt man an Bücher wie ›Ausgestoßen: Nutten und Zuhälter‹ von A. Niss (Ffm 1970) mit Auflistungen des kommerzialisierten Geschlechtsverkehrs in Jargon und Umgangssprache nach Preis, Zeitdauer, Requisiten und Verhalten. ›Biodroga-Cosmetik‹, »die 'ehrliche' Schönheitspflege«, wirbt mit einem mariaähnlichen Mannequingesicht unter einem strahlend roten Hut und einer ins Rot unscharf ausfließenden roten Rose: die geöffneten roten Lippen zur Riesen-

Vagina ausgedehnt. Die ›33 topischen Lippenstifte in Cream und Pearl‹ von *Juvena,* ausgefahren wie die Geschlechtsteile einer Kompanie, assoziieren zum roten Mund eine maschinell saubere Fellatio. ›Puschkin für harte Männer‹ warb eine Zeitlang für Puschkin/Orangensaft-Mix als »Puschkin HalbBlut« mit rotlippigem Mischlingsgesicht, nackter Schulter, Glas mit Kirsche, dickem Trinkrohr und saugendem Mund, knallrot wie die Kirsche im Glas. Vor einiger Zeit wollte die Kölner Staatsanwaltschaft H. M. Broder nach § 184 *(Verbreitung unzüchtiger Schriften)* verklagen, weil er neben eine Blondine, die sich lasziv eine Schokoladenstange in den Mund schiebt, eine Schwarzhaarige montierte, die dasselbe mit einem Penis macht: »Pornografie ist, wo primäre Geschlechtsteile zu sehen sind.« Danach könnte man bestimmte Waren als *sekundäre* Geschlechtsteile bezeichnen, wenn sie in eindeutiger Zeigefunktion collagiert sind: Flaschenhälse zeigen in Richtung auf weibliche Körperöffnungen, Hand/ Flasche/Mund oszillieren in zärtlicher Zuordnung – möglicherweise mit nacktem Mädchen, Flügelchen in weißen Wolken, traumhaft-flockiger Unterlage wie MM-Sekt »mit dem gewissen Extra«. Daneben scheinen langgestreckte, »aufregend weibliche« *›riar‹*-deodorant-Körper-Spray-Dosen zu »tropikgetesteten« nackten Mädchen in der Wüste, oder langgestreckte, nach unten ausschwingende grüne ›Kamill-Körper-Lotion‹-Flaschen = »Feuchtigkeitsspender« am Po eines rosigen Blumenmädchens, vergleichsweise harmlos.

Nachdem die surrealen, vielleicht »polymorph-perversen« Mädchen in der ›kleinen Nachmusik‹ (ein Bild von Dorothea Tanning aus dem Jahre 1946) ihre wilden aufständischen Spiele vor hohen Türen und gelben Riesen-Sonnenblumen getrieben haben, herrscht neuerdings ein planmäßiger Transvestitismus nicht nur, was das Geschlecht der Waren betrifft – den sich wandelnden Arbeits- und Kaufgewohnheiten folgend –, sondern auch, was den Sex-Appeal des personalen Etiketts betrifft: als gingen die Show-Wünsche Dalis in Erfüllung, trägt das Biermädchen der Henning-Brauerei einen gezwirbelten Schnurrbart.

Geschlechterzuweisungen haben *nicht nur* einen bürgerlichen oder kapitalistischen Nenner. Die paulinische Misogynie, der

Sadomasochismus der Geißler und vieles andere steht in einem Kulturzusammenhang der Selbstzerstörung, den schon die antike Tragödie, aus der 'Dramaturgie' der *Heimlichkeit* Eltern/Kind als *Inzesttabu* 'erwachsen', auszeichnet. Zum andern deutet die unter Verwaltung genommene Hippiekultur im Musikgeschäft, die das Gruppenideal kommerzialisierte, darauf hin, daß die Zubereitung des Mannes zum passiven Konsumenten fortschreitet. In der neueren Werbetheorie wird das alte Männlichkeitsideal als »Rollendiffusion« problematisiert. Haseloff präsentiert für Hersteller männlicher Schmuckwaren relativ nutzlose Männer-Mentalitätenmodelle wie »sachlich-kooperativ / aktiv-zielstrebig / anspruchsvoll-individualistisch / extravagant-sensitiv / großzügig-kompetent« usw. Immerhin laboriert die Werbeindustrie an diesen Problemen. Der nackte Mann in der Annoncenwelt war *zunächst* ein Versuchsballon. Bereits heute steht der Mann für die Hälfte des Umsatzes der Modeindustrie. Ob die rigide Geschlechtertrennung sowie das Inzesttabu bei Beibehaltung des heutigen Gesellschaftssystems aufhebbar ist, ist eine durchaus offene Frage ...

Grundsätzlich ist die Aufhebung des vor-bürgerlichen »Verhältnisses« des weiblichen Arbeits- und Rentenrechts eine geschichtliche Aufgabe der *bürgerlichen* Revolution, nicht der sozialistischen. Insofern sind Psychoanalyse und die darauf bauenden Bilder und Literaturen noch nicht einmal liberal.

(Resozialisierung der Werbung?)

> »Jetzt gibt es Signal auch in Deutschland. (...) Nie mehr kranke Zähne. Moderne Menschen. Moderne Zahnpflege. Signal gehört dazu. Kammerjäger G. Bratengeier, O-Kriftel, schwärmt (... zahnlos): 'So kann ich Signal nur allerbestens empfehlen ...' – Und so wird's gemacht: Signal mit der Bürste auftragen. Zahnausfall abwarten. Dann Nachspülen. Mit den Zähnen sind Sie auch Ihre Zahnsorgen los.« (Wolfgang Beckanns Parodien-Show)

Einige Schulen der Werbewissenschaft, vor allem die Motivationstheorie, bauen auf Modellen der Psychoanalyse auf. Danach ist das Kind zunächst triebgesteuert durch Nahrung mit der

Welt verbunden. Die Sprache ist der Affekt- und Bildsteuerung nachgeordnet. Entsprechend dem Modell der infantilen Sexualität werden die frühkindlichen Erfahrungen zur Matrix des Triebschicksals. Alles spätere wird von den wenigen Entscheidungsprozessen der ersten Jahre abgeleitet. Das individuelle Triebschicksal führt zur Kopplung von *Trieb* und *Triebobjekt.* Nicht erst in der Nachfolge Freuds wurden Trieblisten, Instinkt-Kataloge und Affekt-Klassifikationen aufgestellt, wobei die Erwartung der kommerziellen oder politischen Auftraggeber die Selektion des erforschten Materials bestimmten. Von McDougall u. a. gibt es Katalogisierungen »angeborener Triebkräfte«. Man postulierte *Primärbedürfnisse* als *genetisch* präformiert, synthetisierte eine »Primitiv-Person« und leitete daraus Motivationseinheiten ab, die strategisch genutzt werden. Die Motivationstheorie der Ökonomie und die auf ihr beruhende Praxis der Werbung bezieht sich vor allem auf das polare Modell der beiden Primärbedürfnisse: nämlich auf die in verschiedene Partialtriebe (oral, anal, genital) genetisch differenzierten *Triebe: Sexualtrieb* und der *Aggressionstrieb.* Dabei faßt Freud *Trieb* als einen »Grenzbegriff zwischen Seelischem und Somatischem und unterscheidet an ihm vier Faktoren, die in ihrem Zusammenspiel Verhalten und Persönlichkeit bestimmen: (1) *Drang* bezeichnet den energetischen Aspekt des Triebes; (2) das *Ziel* stellt sich als Befriedigung dar, die durch vorübergehende *Auslöschung* der Reizquelle erreicht wird. (3) Als *Quelle* erscheinen die somatischen Prozesse, die auf der psychischen Ebene durch den *Trieb* repräsentiert werden und schließlich versteht Freud (4) unter dem *Trieb-Objekt* die in der Umgebung vorfindlichen Mittel zur Zielerreichung.«[171] Dabei ist die Koppelung Trieb/Triebobjekt nicht genetisch, sondern frühkindlich erworben bzw. gelernt. Als Primärbedürfnisse gelten *Hunger, Durst, Bewegungsdrang, Schlaf, Sexualität, Wärmeausgleich* usw.; als sekundäre Bedürfnisse *Besitzstreben, Geltungsstreben, Leistungsmotivation,* Bedürfnis nach *Selbstentfaltung* und *-verwirklichung,* erworben im Prozeß des *sozialen Lernens.* Eine 'aktuelle' Gruppe von Motiven wie *Furcht, Neugierde, Forschungsdrang, zärtlich-interessierte Zuwendungsformen* kann man auf der

Basis einer sozialpsychologischen Theorie von K. Lewin *tertiäre* Bedürfnisse nennen.

Bedeutung gewinnt heute bei wachsender Qualifizierung breiter Schichten zunehmend die Freudsche Konzeption von Ich-Trieben, die als Energiequelle für die Leistungen realistischer Orientierung, Anpassung und Verhaltenssteuerung begriffen werden. Zugunsten des Werbeziels, daß Massen von Käufern sich mit angebotenen Waren und ihren (Status-)Symbolen identifizieren mögen, fordern die Industriellen heute übergreifende Erklärungsmodelle für menschliches Verhalten: Modelle der Persönlichkeit, der Kommunikation, der sozialen Interaktion sowie deren Einfluß auf Verhalten und Kaufentscheidung. Die praktische sozialtechnische Anwendung erfahrungswissenschaftlichen Wissens zur Lösung wirtschaftlicher und organisatorischer Probleme will man heute auch im politischen Bereich ohne operationalisierungsmögliche Motivationstheorie nicht mehr akzeptieren. Der mögliche Zugriff hat zur Theorie und Praxis einer audiovisuellen Kommunikation geführt, die als angewandte Sozialtechnik im Dienst der Industrie und ihrer Werbe- *und* Public-Relations-Strategie *Triebbedürfnisse* und *Bildsymbole* an *Waren* risikofrei bindet. (Historisch wurde der Begriff *Public-relations* 1921 durch Bernay, einen Neffen Siegmund Freuds, mit dem Ziel eingeführt, die Öffentlichkeit mit den Interessen der »amerikanischen Geschäftswelt« zu *identifizieren.*) In der Ausweitung dieser Techniken wird heute der *Markt* zunehmend über Symbolkommunikation *verplant.* Um den Motor beliebiger Kopplung *Konsument/Ware* in Gang zu halten, greift man bereits in die Sozialisation des Kindes ein; nicht nur die infantilisierten Männchen der Werbespots als Träger und Kopulateure der Werbespots sprechen eine unüberhörbare Sprache; sie werden mitgeprägt von der Bildqualität der Comics, der Lese- und Kinderbücher. Sobald das Kind Geld hat – die 10–19jährigen geben heute Milliardenbeträge aus –, werden die vorhandenen Leitbilder der Kauf-Zielgruppen ermittelt, d. h. repräsentative Schlüsselbegriffe, die positiv besetzt (bewertet) sind. Dann wird *Ware* mit *Bedürfnis* gestalt-, farb-, symbol- usw. -psychologisch assoziiert. Aufgrund der empirischen Testergebnisse werden Produk-

Lebensplanung – Entwicklungstendenzen

Schlüsselbegriffe:

- Eigenes Heim

- Ehe - Partnerschaft

- beruflicher-materieller Erfolg (männlich)

- materielle Sicherheit (weibl.)

Frühe Heiratsplanung - Leistungsstreben

Geringer ausgeprägt:

- Romantik
- Schwärmerei

- tätiger Protest

- Weltverbesserungsideologien

Wunsch: nahtloser Übergang von Geborgenheit im Elternhaus zur Geborgenheit im eigenen Heim

● Nestwärme erhalten ●

Aus einer Marketing-Studie über Kaufverhalten und -steuerung Jugendlicher tion und Konsum identisch gemacht, mittels Symbol- und Medienstreuung »optimiert«. Als Beispiel eine Studie aus dem Jahre 1967. *Familialismus* und *Eigentum* sind Grundpfeiler einer »Nestwärme«-Strategie zugunsten des Eigentums, wobei dem männlich-»materiellen Erfolg« das Dreiergruppen-Verhältnis zugeordnet, will sagen, zugebilligt wird: das Team-Modell in Arbeit und Freizeit auf zahlreichen Annoncen. Das Beispiel entspricht den Rollenzuweisungen in den Werbespots sowie der 'Trauer'-, 'Lust'- und Schaustellung einer über Fernsehen vermittelten Bühneninstitution, um die die Krusten des Ödipats wachsen wie Zahnsteine um tote Wurzeln. Mangelhaft ausgeprägt ist alles, was *Selbstentfremdung* durch Produkte aufheben und *Beweglichkeit* fördern könnte.

Es versteht sich, daß wir innerhalb unseres Themas nicht die ganze Breite vorhandener Motivations- und Werbetheorien ausbreiten können, wobei hinzukommt, daß manche Autoren[172] nochmals zwischen *Motivations-* und *psychoanalytischem* Modell differenzieren, das erste der Theorie vom *Unbewußten* und von *Triebhierarchien*, das zweite der *Konflikt-* und *Instanzentheorie* (Es/Ich/Überich – Ware löst Konflikte) zuordnend. Die Werbebranche ist heute in Bewegung geraten, weil in den Verbraucherverbänden, Krankenkassen bzw. Gesundheitsministerien mächtige Gegeninteressen herangewachsen sind. Die Agenten dieser Institutionen sind nicht mehr bereit, die anhaltende Gefährdung überregionaler Rechts- und Gemeinschaftsgüter hinzunehmen.

1971 gab es 18753 Verkehrstote, darunter viele Kinder. Der Kostenpunkt der Toten ist vergleichsweise gering gegenüber den Unkosten für die Überlebenden. Nach einigen eindeutigen Untersuchungen[173] über Zusammenhänge zwischen »sportlicher« Autowerbung und aggressivem Fahrverhalten ist die Werbung für dieses Produkt spürbar *informativer* geworden, wo man nicht auf Auswege verfällt wie Volvo, das mit dem Symbol *Schwangere Frau/Sicherheit* wirbt. Die jährlich 24000 Lungenkrebstoten, zusammen mit anderen Krebsarten wie der der Mundhöhle, des Kehlkopfes, der Speiseröhre, des Magens sowie Arterienverkalkung, Herzinfarkt, Raucherbein, 140000 Tabaktote[174] bzw. ihr klinisches Ableben kosten die Volkswirtschaft

Feudal-Symbole in der Werbung

Milliarden. Und die Gesunden müssen sie erarbeiten. – Die Werbung 'bespielt' in diesen Produktfeldern ganz offensichtlich frühkindliche Klischees und Bedürfnisse, die ihre Basis im oralen Entzug und in früh vermittelten Märchenmodellen und ihren Umfeldern haben, wobei die nachfolgenden Sozialisationsinstanzen die entsprechenden Inhalte verstärken. Die ›Auslese‹-Zigarette operiert in ihren Annoncen mit Herbstlandschaft und Kloster, die ›Lux‹ mit Königskrone (»Königsform«) und Auslese-›Krönung‹, die ›Peer 100‹ mit 5 Kronen und Pferd, die ›Lord Extra‹ mit Dolch, Krone und Löwen, ›Attika‹ und ›Kronenfilter HB‹ mit gekröntem (Theater-)Mantel, ›die blaue Astor mild‹ mit Herrensitz und Schiffsnostalgie. Je unnötiger ein Produkt, je weniger plausible Gebrauchswerte es enthält, desto stärker der Einsatz von *Feudal-Symbolen,* die auf Rang und Status spekulieren; es sei denn, man ist so skrupellos wie die Werbung für ›Ernte 23‹, in der Zigaretten gesund wie Trauben sind.

Kraß erscheinen fehlgeleitete Trieb-/Dressur-Verschränkung und volkswirtschaftliche Kosten auch im Falle eines Giftes, das statistisch in Unfallzonen – auf der Straße, bei der Arbeit, im Haushalt – hineinreicht: den Alkohol. Hier kommt zu dem musealen Symbolarsenal, das die Zigarettenwerbung kennzeichnet, vor allem noch Herrschaftsarchitektur und Yachtleben hinzu. Der ›Vodka Graf Keglevich‹ erscheint vor einem ländlichen Herrensitz, der Whisky ›Johnnie Walker‹ vor einer schottischen Herrschaftsfassade. ›J & B Rare Scotch Whisky‹ wird im gotischen Kaminzimmer neben der Ahnengalerie serviert. Trivialer und als plumpes Einhämmern von Parolen erscheinen die Alkoholmarken auf den Balustraden der Fußballspiele, Eisläufe usw.

Gegen die »Produkt-Kommunikation« der Gift-Verkäufer haben Testinstitute und Verbraucherverbände bislang keine hinreichende Macht entwickelt. Vor allem sind Kinder schutzlos dem Sozialisationsprozeß der Massenkommunikation – heute zu Hauptsendezeiten weitgehend über Werbung finanziert – ausgeliefert. Ein Zustand, der den Gesetzgeber alarmiert hat, Werbung eventuell unter Staatsaufsicht zu stellen. Um der Bedrohung zu entkommen, hat die Industrie auf TV-Tabakwerbung verzichtet und eine Selbstkontrolle institutionalisiert. Werbung mit Angst, wie sie K. Horn anhand des *Krawattenmuffels*[175], Werbung mit Brutalität, wie sie Psychologen aufgedeckt haben, sollen unterbleiben, Kinder und – Wissenschaftler nur zurückhaltend in Werbespots eingesetzt werden. Die öffentliche Heuchelei der Werbebranche gefällt sich in heroischen Maximen, flankiert von den Meinungen der Politiker. Der Bundeskanzler will die Dämpfung des Wachstums der Reklameausgaben: Statistisch erfaßbar sind etwa 7 Milliarden, wobei 4 auf Zeitungen und Zeitschriften und 1 Milliarde auf Fernsehen gehen; aber dieser ausgewiesene Teil der Werbeaufwendungen ist nur »ein Bruchteil der tatsächlichen Aufwendung«, so der Wirtschaftsminister.[176]

Werbung – imperative, appellative, übertriebene, schein-reale, gefühlsbetonte, romantische, emotionale, unterschwellige, informative, aufklärerische – hat keine sozialtherapeutische oder emanzipatorische Aufgabe; ihr Grundcharakter ist Überredung und Manipulation. Der Endverbraucher bekommt eine Schein-Realität auf Symbolebene und bestenfalls selektive Information über ein *Produkt*. Die Schlauen der Branche definieren »rationale« Werbung, die »total über ein Produkt informiert«, als »verbraucherfeindlich: das Verpackungsmaterial müßte vergrößert, die Anzeige ausgeweitet, die Werbefilme verlängert werden«. Die Informationsflut »müßte zur Verwirrung des Verbrauchers beitragen«. Die Denkfiguren der öffentlichen Werbekongresse, arangiert als *Werbung für Werbung*, sind bescheiden ...[177]

Produktwerbung ist zunächst intentionale »Kommunikation« von Produzentenseite aus. Für den Werber ist diese Seite primär; die informationelle Bedürfnislage des Konsumenten zweitrangig. Er arbeitet zunehmend auf der Basis einer Motivdynamik-Theorie, die über die psychoanalytischen Modelle hinausgeht. Zwar gibt es noch Modellfragmente – wie etwa symbolisches Verhalten und Kommunikation im Oberbereich der Motivation, im Unterbereich Gefühl und Ausdruck, aber die Vorstellungen von mehrdimensionalem dynamischem Zusammenspiel des »kognitiv-intentionalen, des ideativ-prospektiven, des emotional-affektiven sowie des motorisch-vegetativen Vektors« (Haseloff),[178] die das Gesamtverhalten einer Person steuern und thematisieren, hat längst alle behavioristischen, psychologischen und kommunikationstheoretischen Schulen auf die speziellen Bedürfnisse der Werbewissenschaft hin ausgeschlachtet. Hinzu kommt die Integration solcher Theorie in ein Marketing-Modell, das computergefahrene mathematische Prognoseverfahren ermöglichen soll.

Wenn wir dies reflektieren, dann nicht, um den Optimierungsprozeß der Werbung einseitig zu fördern, sondern um Werbung in einen größeren Zusammenhang zu bringen. Anwälte der Verbraucherzentralen stellen sich für die Zukunft ein Mitspracherecht der Verbraucher vor – ähnlich der Mitbestimmung der Arbeitnehmer, wobei Verhandlungen institutionalisiert werden sollen, auf denen *Unternehmer* und *Verbrauchervertreter* über Produktkonditionen, Einkauf usw. verhandeln.[179] Da Verbraucherverhalten von Bildungsniveau und Beruf abhängig ist, bekommt eine mediendidaktische und polytechnische Einsicht in »Produkt-Kommunikation« zunehmend politisches Gewicht.

Es gibt heute keine Emanzipation jenseits der Warenwelt und ihrer Bilder, keine Emanzipation jenseits des Marktes. Mögen jene, die ausscheren, eine Herausforderung an die Herrschenden darstellen, Arbeit humaner zu organisieren. Ein Leben jenseits des *Warencharakters*, jenseits von gehandelter *Arbeit* ist für die Mehrheit strategisch nicht möglich. Insofern geht unser Weg durch die wissenschaftlich-technische Revolution und ihre Kommunikationsformen mitten hindurch. Um diesen Vorgang begleitend – in ihn eingreifend – zu reflektieren, bedarf es weniger eines *Adoptionsmodells*,[180] in dem beliebige Produkte und Werbegegenstände wie Kinder eingestuft sind, als vielmehr einer *Prozeßtheorie* für die gesamtgesellschaftliche Bestimmung, in dem nicht nur die in der Freudnachfolge ausgearbeiteten Erfahrungen der verschiedensten Richtungen aufgehoben sind. Die Modelle der Werbung und der Werbetheorie schließen sich an die vorhandenen Symbol-, Zeichen- und Kommunikationstheorien an. Da weder Media-Planung noch -Wissenschaft in Werbewirtschaft und -theorie hinlänglich integriert sind, da Werbung nur eine Funktion des Produkts, nicht seiner *Planung* und nicht seines notwendigen *Ge-* und *Verbrauchs* ist, bedarf es eines transdisziplinären Versuchs, so anfänglich er sein mag; und gleichwohl die Inhalte des speziell Klinischen abseits unseres Themas liegen, muß die Theorie auch dort greifen, wo es um Entäußerung beschädigten Bewußtseins geht.

(Versuch einer Aufhebung)

> Der Geschichtsverlauf setzt sich in seiner Totalität in den Köpfen und über die Köpfe hinweg durch: die begriffliche Entropie, sprich Unordnung des Denkens, wächst. Spezialisierung wird als Unübersehbarkeit empfunden. Moral und Tugend der Not heißen *Pluralismus*.

Das Leben, die Wirklichkeit, die hier und dort zerstreute Vollständigkeit als Totalität setzen ihre Ansprüche im Markt der Sprachen und Bilder durch und entfalten sich im politischen Prozeß, ob Wissenschaft darüber reflektiert oder nicht. Darauf zu antworten schließt die Möglichkeit der Negation ein, nicht aber den ständig versuchten Nachweis, die logische Unmöglichkeit eines Modells von Totalität grundsätzlich zu leugnen, als sei diese bereits im Herrschaftsinteresse gebrochen und Kommunikation *nur* deren Abbild. Im Wald der Institutionen versuchen sich heute die akademischen Fuhrwerker auf ihren verschiedenen disziplinären Holzwegen vergeblich durch Zurufe zu verständigen. Die Diskussion um interdisziplinäre Klarheit ist eher im Absterben. Die alten Barrieren zwischen den Disziplinen, kraft Studentenbewegung scheinbar geschleift, werden neu befestigt; die realen Interessen und Mächte hinter den Begriffen melden sich offen an, gesellschaftliche Machtverteilung annoncierend.

Wo die Einheit der Wissenschaft und ihrer Begriffe verloren ist, wird das methodisch-formale Problem in den Vordergrund geschoben. Indem man Ketten von Phänomenen durchbricht und isoliert, das Geflecht der Wechselbeziehungen ausblendet und störende Faktoren beseitigt, experimentelle Bedingungen fürs Genehme und Untersuchbare herstellend, steigert man die technische Beherrschung *bestimmter* Vorgänge. Die vereinzelte Methode vereinzelter Wissenschaft macht blind gegenüber Effekten, die nur für den einzelnen Fall sekundär sind. Es kommt zur einseitigen 'Disziplinierung' von Begriffen und zur nachträglichen Verabsolutierung, denn der theoretische Rahmen, innerhalb dessen das Experiment stattgefunden hat, wird selten im Auge behalten. So schwindet die allseitige, universelle und transdisziplinäre Einheit und Elastizität der Begriffe, für deren Kontrolle sich die Philosophie einmal zuständig glaubte; sie verlieren ihre *Einheit von Identität und Gegensatz* und werden als Gebrauchshülsen zum Müll des in der Zeit zurückbleibenden Denkens. Ablagerungen im Depot akademischer Auktionen. Zu diesen Erscheinungen gehört die Entwicklung dessen, was innerhalb der Erkenntnislehre aus dem Begriff des *Zeichens* und vor allem des *Symbols*, ohne den auch die Psychoanalyse nicht denkbar wäre, entstanden ist.

(Symbol und Zeichen) sind so etwas wie Klebekitt zwischen *Wirklichkeit* und *Erkenntnis*. Je nachdem, wie beide angesehen werden, erscheinen sie in den verschiedenen Disziplinen modifiziert und heute vielfältig und so widersprüchlich, daß man von einer babylonischen Wirrheit sprechen muß. Die Diskussion gleicht dem esoterischen Spiel von Eingeweihten, die über der öffentlichen Verwüstung des Bildermarktes eine akademische Verschwörung errichtet haben ...

Symbol ist philosophisch etwas, das für etwas anderes steht, ohne von diesem kausal hervorgebracht zu sein: Zusammenhang, aber ohne ursächlichen Bezug. In künstlichen (mathematischen usw.) Sprachen stehen Symbole für *Gedanken* oder *Begriffe*.

In der Psychoanalyse bezieht sich der Symbolbegriff unterschiedslos auf die Form, auf den Inhalt, auf Konkretes, auf Abstraktes: ein Stück Holz ist von der Form her z. B. Symbol für Penis, vom Material her Symbol für Frauenleib. Jung biologisierte die Auffassung und machte aus Archetyp als Basis-Symbol ein »seelisches Organ, das sich bei jedem findet«.[181] Was einmal als *Original (= Archetyp)* gegenüber *Nachbildung* und *Vervielfältigung* galt, Muster göttlicher Idee bei den Kirchenvätern, ist bei E. Neumann gedoppelt *Ur-Archetyp*. Jung revidierte am Ende: »Es wäre absurd, anzunehmen, solche variablen Bilder könnten vererbt werden. Der Archetyp ist vielmehr eine angeborene Tendenz ...«[182] Allgemeine, invariante Symbole zu entdecken, dieser Versuch ist bislang erfolglos geblieben. »In den Schründen der Lebensgeschichte 'wesen' keine Bilder vom Feind (und auch keine anderen archetypischen), die nicht im Verlauf des Sozialisationsprozesses dorthin als psychisches Sperrgut verbracht worden wären«[183] so die neueren Positionen.

(Symbol gegen Icon) Um den Problemen von Bildsymbol und Sprachzeichen aus dem Wege zu gehen, hat man den Begriff des *Icon* (von griechisch *eikon*) neu belebt. Aus der Kirche kennen wir *Ikonostasen*, mit Ikonen geschmückte Wände. *Ikonoskop* nennt man den elektronischen Bildzerleger zwecks Aufnahme von Fernsehbildern. Ausgehend von der ikonischen Abbildtheorie eines Demokrit definierte man im Gegensatz zu sprachlichen Zeichen *ikonische* Zeichen (Bilder, Figuren), die mit dem abgebildeten Objekt bildliche Ähnlichkeit haben. Von den ursprünglichen Spuren von Tieren auf weichem Grund, Inspiration zu Symbolschriften und Hieroglyphen, gelangte man am Ende eines langen geschichtlichen Weges zur Bestimmung von »Kunst als einem ikonischen Zeichenprozeß«. Die Identität von Sprache und Bild war aufgegeben, womit die übliche Trennung von *gegenständlich* und *abstrakt* terminologisch erst möglich wurde. Wer wollte ausmachen, wo Abstraktes ein unendlich Vergrößertes, ausschnitthaft Konkretes sei. So war *nur noch* Verschiedenes: *logische* Zeichen in strengem Unterschied von *ikonischen*, als seien Bilder *unlogisch*, Sprachen dagegen – natürliche und künstliche – *logisch*. Als sei das eine *wirklich*, das andere nicht.

(Zeichentheoretische Triaden) Bei Peirce und Bense erscheint jedes Zeichen als materialgebundenes *Mittel*, weist auf ein *Objekt* hin und wird von einem *Interpretanten* gedeutet. Zeichen sind – je nach Ebene, in der sie erscheinen – *Icon*, *Index* oder *Symbol*. Das *Symbol* ist im Sinne der »symbolischen Logik« frei vereinbart. Zu Rauch sagt man *Rauch*, weil man sich darauf geeinigt hat. *Index* ist kausal anzeigend und Hinweis auf wirkliches Geschehen (Rauch deutet auf Feuer). *Icon* ist »weltunmittelbar«

ans Objekt gebunden, unmittelbar abbildend, physikalisch Ding selbst, als ästhetischer Zustand der physikalischen usw. Materie direkt aufgelagert. Die Dreiheit des Zeichens bewegt sich also gleichsam auf Stufen, in deren aufsteigender Folge nach Bense eine »Semiotizität« wächst. Bense spricht von »Super-Iconizität«, wenn das Icon von unten her die Semiotizität durchdringt. Dabei gibt es keine vom Bewußtsein abgetrennte Wirklichkeit, sondern nur ein unmittelbares Icon. Ästhetik wird Dingfetischismus. »Informationsästhetik« eine mechanisch-formalistische Anstrengung dichtender Mechaniker.

(Neopositivismus und Behaviorismus) Für den Neopositivisten sind *Symbole* selbst und nicht *Wirklichkeit* bzw. *Abbildmodell* Gegenstand der Wissenschaft. Wittgenstein: Man muß schweigen, worüber man nicht reden kann. Ähnlich der *Symbolische Interaktionismus.* Ob das Bild als *Wirklichkeit, Wirklichkeit* als *Bild* sich ausschweigen, bleibt unreflektiert. Für den Neopositivisten ist *Sprache* gleich *Wirklichkeit* und Wirklichkeit nur existent, sofern sie in und als Sprache in Erscheinung tritt.

Der in die USA emigrierte Wiener Kreis setzte in den 30er Jahren zu einer »Enzyklopädie der Einheitswissenschaft« an. In seinem Beitrag *Grundlagen der Zeichentheorie* versucht Charles Morris alle Aspekte des Wissenschaftsbetriebs und der Zivilisation auf den Zeichenbegriff zu reduzieren – und hat damit lange Zeit die Entwicklung der Linguistik, der Kommunikationstheorie, der Kybernetik usw. beeinflußt. Er brachte mehrere wissenschaftstheoretische Ansätze miteinander in Beziehung, dabei fußte er auf der Empirie John Lockes, auf den Ergebnissen der französischen Linguisten, der polnischen Logikschule um Tarski, der US-Pragmatik Peirce's, Cassierers Symboltheorie, Husserls Phänomenologie und vor allem dem Wiener Kreis (Carnap u. a.). Der Anfang ist euphorisch: der Zeichenbegriff erweist sich »für die Humanwissenschaft also ebenso fruchtbar (...) wie der Begriff des Atoms für die Physik oder der Begriff der Zelle für die Biologie ...«[184] Für Morris sind die Objekte selbst eher abwesend oder reduzieren sich zum behavioristischen, instrumentell bedeutsamen Reiz. Es gibt in dieser Zeichentheorie keine

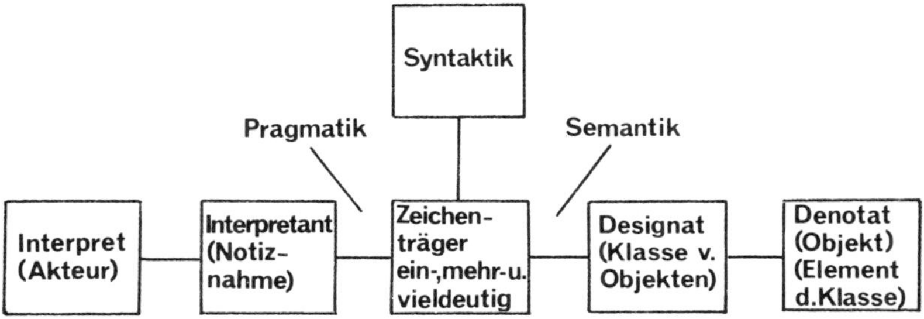

Zeichentheoretisches Modell nach Ch. Morris (1938)

wirklichen Ursachen. In ihrem Objektverlust ist sie der Psychoanalyse gleich. Sperrig ist sie in ihrer Begrifflichkeit. *Zeichen* sind eindeutige *(= Index-)*Zeichen, mehrdeutige *(=charakteristische)* Zeichen und vieldeutige *(=Universal-)*Zeichen. Die *Syntax* regelt die Relation zwischen diesen Zeichen. Die *Pragmatik* regelt die Notiznahme (= Interpretant) und den Akteur (= Interpret). Die *Semantik* ist die Beziehung zu den *Designaten,* d. h. zu den Objekten als evtl. *Denotationen.* – Die Morrissche Zeichentheorie bietet sich als Hilfs- und Nachbarwissenschaft der Psychopathologie und der Kunstwissenschaft an, deren Objekte zu analysieren sie als besonderen Fall ihrer Bemühung betrachtet. Abgeleitet von der Morrisschen Dreiheit blühen heute verwirrende Ableger der Semiotik – u. a. Filmsemiotik – in Frankreich und Italien.

Das merkwürdige an der Morrisschen Theorie ist zunächst, daß man sie Schülern und Studenten kaum plausibel machen kann. Mit »Designatum, designiert, denotiert«, »jedes Zeichen ein Designat, aber nicht jedes ein Denotat«[185] usw. trifft man auf eine umgangssprachliche Schallmauer der Begriffsstutzigkeit, die im Zusammenhang mit der Theorie und ihrer Anwendung steht. Die Schwierigkeit liegt darin, daß ganz Gegensätzliches ganz ähnlich heißt und die begriffliche Zuordnung schwer erlernbar oder gleich wieder vergessen ist, weil die Begriffe unanschaulich, willkürlich und semantisch fragwürdig sind, vor allem aber die Klassifizierung der Zeichen selbst. Hinzu kommt die wissenschaftstheoretische Unzulänglichkeit. Ähnlich Bense versucht auch Morris den Wirklichkeits- bzw. Objektbereich ausschließlich formal-logisch und mengentheoretisch zu erfassen, realisiert in seiner allzu kurzen Ausarbeitung kaum den Stand der Semantik und bleibt im pragmatischen Teil (Interpretant/Interpret) blaß.

In Westdeutschland hat vor allem F. Knilli versucht, Morris populär zu machen. In ›Unterhaltung der deutschen Fernsehfamilie‹ widerspricht Knilli indirekt der Brechtschen Einheit von Kunst und Unterhaltung und postuliert eine Zeichentheorie der zwei Ebenen, in der sich das »Kunstwerk« von »Unterhaltung« darin unterscheidet, daß jenes »Zeichen seiner selbst ist« (?) »Der Zeichenträger 'Dichtung' wird Zeichen und Bezeichnetes in einem«.[186] Damit ist der bildungsbürgerliche Unterschied von Kunstwerk und Trivialliteratur zementiert. Wer aber wollte belegen, ob »die requisitenhafte Verwendung von Himmel, Wolken und Bäumen in Landschaftsbeschreibungen« etwas anderes sei als in der sogenannten Unterhaltung; und müßte man solche Motive nicht ohne Vor-Urteil über die Gattung beurteilen? Die Code-Unterschiede Dichtung/Unterhaltung werden bei Knilli auch für visuelle und kinetische Codes gemacht: »auch das Filmkunstwerk und die Fernsehkunst sind Zeichen ihrer selbst«. Und zwar »Zeichen« (Primärcode) und »Bezeichnetes« (Sekundärcode) in einem: die TV-Unterhaltung auf der Basis von »Klischee und Stereotype« aber ein Drittes. Bleibt die Frage, worin der Unterschied zwischen der Volksballade Faust, Goethes Männer- und Morddrama und der literarischen Sublimationsleistung in ›Dr. Faustus‹ liegt, und ob der Schwarzkünstler, Horoskopsteller und Zauberer der ursprünglichen Vorlage nicht vielleicht progressiver war als alle späteren Varianten.

Die Psychoanalyse schließt sich neuerdings mit A. Lorenzer im Bestreben, »unzureichende Begriffe aufzulösen«, in einer als Metatheorie verstandenen Symboltheorie an die Morrissche Dreiheit an, wobei *Pragmatik Interaktion* bedeutet, *Semantik* die *Bedeutung*, und *Syntax* die *Regelung von Bedeutungen*.[189] *Wirklichkeit* erscheint kurzgeschlossen als »Wirklichkeit der Analyse« bzw. Interaktion –: gemeint ist: *Abbild* von Interaktion im therapeutischen Gespräch. Die Basis dieser Neo- und Meta-

Psychoanalyse ist der Neopositivismus von Wittgensteins Sprachtheorie, wobei Symbol ausschließlich bewußtes rationales Symbol ist, »Symbolbildung durch das Ich«. Dagegen enthält das Unbewußte lediglich *Klischees* (= durch *Desymbolisierung* verdrängte Symbole). Der Begriff des *Zeichens* steht für »Isolieren und Intellektualisieren«, »Entleerung der Bedeutung« und »Abschwächung von 'emotionaler Bedeutung'«.[190] – Mit diesen Begriffsoperationen gelingt weniger die von Lorenzer intendierte *materialistische* Begründung einer psychoanalytischen Sprachtheorie als vielmehr eine Angleichung von psychoanalytischen Begriffen an neopositivistische: Logik wird zur BW- und Ich-Psychologie, wobei konventionelle Begriffe stillschweigend mit eingehen: so der *Ich-Begriff*, die *Typen-* und *Sozialisationstheorie* (oral, anal, genital), der universal verstandene *Ödipuskomplex*, die Mutter-

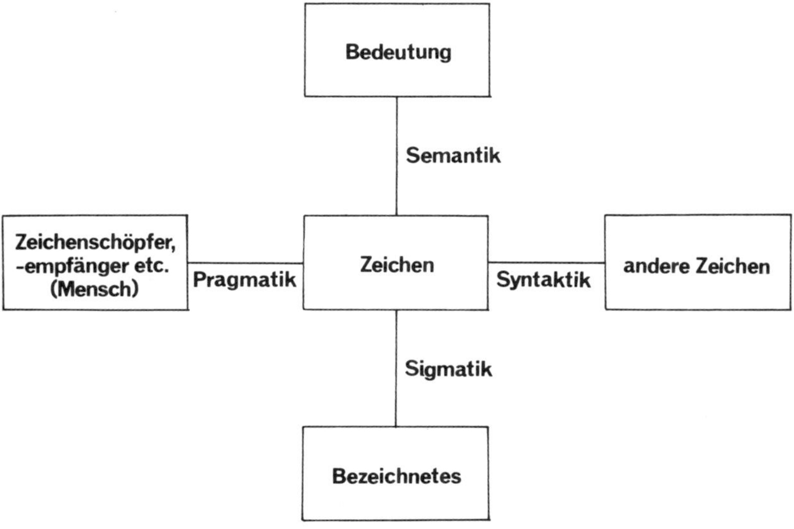

Vierdimensionale Sprach-Semiotik (Zeichentheorie) nach Georg Klaus (aus: Wörterbuch der Kybernetik, Berlin 1968)

Kind-Dyade, Begriffsort für Urvertrauen. Daneben finden sich mannigfache Anleihen bei der *Interaktionstheorie* und *Hermeneutik.*

Materialistische Zeichentheorie

Für Georg Klaus[191] ist *Zeichen = Signal als Träger einer Information.* Zeichentheorie (= *Semiotik*) ist für ihn allgemeine Lehre von den *sprachlichen* Zeichen und Zeichenreihen; reine *Sprachtheorie.* Der *ikonische* Bereich, d. h. das Bild, fehlt in seiner Semiotik ganz; dafür stellt er die Morrissche Triade auf einen vierten Fuß, die *Sigmatik* (von griech. *Sigma* = Zeichen), die zwar mitunter als Teilbereich der Semantik gilt, in seinem Schaltbild aber als gesonderte Kategorie erscheint. Dieser sigmatische Aspekt behandelt die Beziehung zwischen den Zeichen und dem, was sie bezeichnen, im Gegensatz zur *Semantik,* die sich mit den Fragen der *Bedeutung* beschäftigt, wenngleich ihr Gebrauch innerhalb der Sprachwissenschaft, Mathematik und Philosophie voneinander abweicht. Klaus empfiehlt, die Symbole der Logik, Mathematik, Chemie usw. besser Zeichen zu nennen, um so zur Klarheit im Hinblick auf künstliche Maschinensprache vor allem der Kybernetik zu gelangen. Das *Zeichen* fungiert als Variable einer symbolischen (künstlichen) Sprache, die es ermöglichen soll, künftige *Außenweltbeziehungen* an internen *Modellen der Außenwelt* durchzu*spielen.* Ein Gewinn ist die vierte Dimension, sofern sie noch ausgearbeitet und zur Semantik in die notwendige Relation gesetzt wird. Ein Verlust ist der bei Morris versuchte, hier unterlassene Ansatz, den Bildbereich in die Zeichentheorie zu integrieren und damit die Möglichkeit einer Bild-Kybernetik oder ikonischen Kybernetik – einer, die die *Einheit von Wort und Bild* berücksichtigt – zu versuchen.

(Mediologie) Zunächst fällt auf, daß alle Theorie um *Symbol, Zeichen, Icon, Abbild, Allegorie, Signal, Klischee, Information, Index* und *Assoziation* im engeren Sinne *Medientheorien* sind: sie reflektieren das Problem der *Vermittlung Wirklichkeit/Mensch.* Auf Erkenntnistheorie- und -praxis bezogen, haben die bisherigen Ansätze entweder zu wenig Faktoren integriert oder aber

Abstraktionen aus Einzelkomplexen aufs Ganze ausgedehnt. Vor allem sind sie in einem zu frühen Stadium auf Abstraktionsstufen gehoben worden, hinter die zurückzugehen unmöglich schien. Am Ende war Wissenschaftssprache Kontrollsprache der Umgangssprache, versuchte ihr Einschränkungen aufzuzwingen und entzog sich im scientistischen (wissenschaftsgläubigen) Eifer der umgangssprachlichen Kontrolle: Verlust der Wirklichkeit war die Folge selbst dort, wo man sich auf strenge Logik berief. Totalität und aufhebender Fortgang des gedachten totalen Modells aber bewegt die Umgangssprache. Sie hält den universellen Prozeß der Kommunikation wesentlich in Gang und wälzt Totalität, sie mit der Zeit aufhebend, fort. Datenschützer, Anwälte des Individuellen, Ombudssachwalter (wie in Schweden) sind nicht institutionalisiert worden, weil die wissenschaftlichen Programme, Sprachen und Formeln der Computer logisch ungültig wurden, sondern weil sie, auf die Logik der Totalität bezogen, falsch waren und zu falschen Schlüssen und Entscheidungen geführt haben.

Um den fahrlässigen Verabsolutierungen der einmal entworfenen Theorien zu entgehen, müssen wir noch einmal *vor* die Eiswüsten der Abstraktion zurückgehen, fragen: was haben die Autoren, die die Symbol- und Zeichenbegriffe mit Logik, Mathematik, Kybernetik usw. besetzt haben, eigentlich gemeint. – Betrachtet man die einzelnen Kategorien, so fällt zunächst auf, daß die Begriffe des Symbols bzw. Zeichens Elemente dessen sind, was wir *Medium* genannt haben. Sie sind nur in und als *Vermittlung* überhaupt vorhanden, gleichgültig welche Relationen, Sachverhalte, Objekte usw. sie bezeichnen, symbolisieren usw., wobei wir elastisch bleiben, inwiefern *Psyche* als *Medium der Arbeit* zu verstehen, Medium nur *ein* Aspekt des Ausgleichs *Mensch/Natur* ist ... Mit dem Begriff *Mediologie* als umfassende Logik des Mediums entgehen wir zunächst den zu eng gewählten Begriffen *Semiotik, Kommunikation* und *Zeichen,* wie sie Karl Held,[192] ohne Alternativen aufzuzeigen, kritisiert hat.

(Die Kategorien – umgangssprachlich) Begnügte man sich zu früheren Zeiten mit dem Begriffspaar *Form/Inhalt,* so entfaltete, reduzierte und verabsolutierte man später zunächst die Form der *Syntax* und *Struktur*, die meist dasselbe bedeuten. Bei Betrachtung von Prozessen verschob sich das Begriffspaar *Form/Inhalt* zu *Struktur/Form*. In die Polarität *Form/Inhalt* mischte sich dann früh ein drittes: nämlich das Subjekt, das passiv oder aktiv *handelt*. *Pragmatisch* (so die Kategorie bei Morris) heißt umgangssprachlich: auf Nützlichkeit bezogene Handlung aus sein. Der praktische Nutzen hat im *Pragmatismus* den ersten Stellenwert, und *Praxis* ist die Kategorie zwischen Subjekt (als formende Kraft) und Realität (als Inhalt, auf den einzuwirken ist). Kurzum: Was Morris in seiner Triade herausstellt, meint umgangssprachlich einmal *Praxis* (bzw. *Handlung* als Kategorie *Pragmatik*), dann *Form* (als Einheit von Syntax, Struktur usw.) und schließlich der *bedeutete* (semantische) *Inhalt*. Was fehlt, ist die Ebene der *Wirklichkeit:* Wirklichkeit an und für sich, dann die empirisch (durch Erfassen von Daten, Protokollieren von Erfahrungen usw.) *abgebildete* Wirklichkeit. – Und was darüber hinaus fehlt, ist die Kategorie *Geschichte:* In den Diskussionen um das mechanische Weltmodell des Clubs of Rom, um Strukturalismus und Psychoanalyse tauchte immer wieder das Manko »systematischer« oder formalistisch-pragmatischer Darstellungen auf: Es fehlt das Moment der Kontinuität in Zeit und Raum, in der sich menschliche Gesellschaften und ihre Hervorbringungen bewegen. Es fehlt die Kategorie *Geschichte*, in der der Entwicklungsprozeß in Natur und Gesellschaft, die materielle Produktion, welche Menschen zusammenführt und die sich als Austauschprozeß der *Mittel* und *Werte* fortentwickelt, aufgehoben ist. Dieses Moment (Geschichte) einer umfassenden Logik des Weltprozesses und ihrer Einheit ist nicht anarchische Zufälligkeit, Chaos oder blindes Fatum, sondern dynamischer gesetzmäßiger Wirkungszusammenhang als Einheit und hat darin ihre Sonderheit gegenüber den anderen Kategorien: einmal als *systemtheoretisches* Konstrukt (geschichtsphilosophisch) und – im Hinblick auf Praxis – als Prozeß der Regelung kommender Geschichtlichkeit als *Futurologie* und prognostischer *Modell-Vorlauf*.

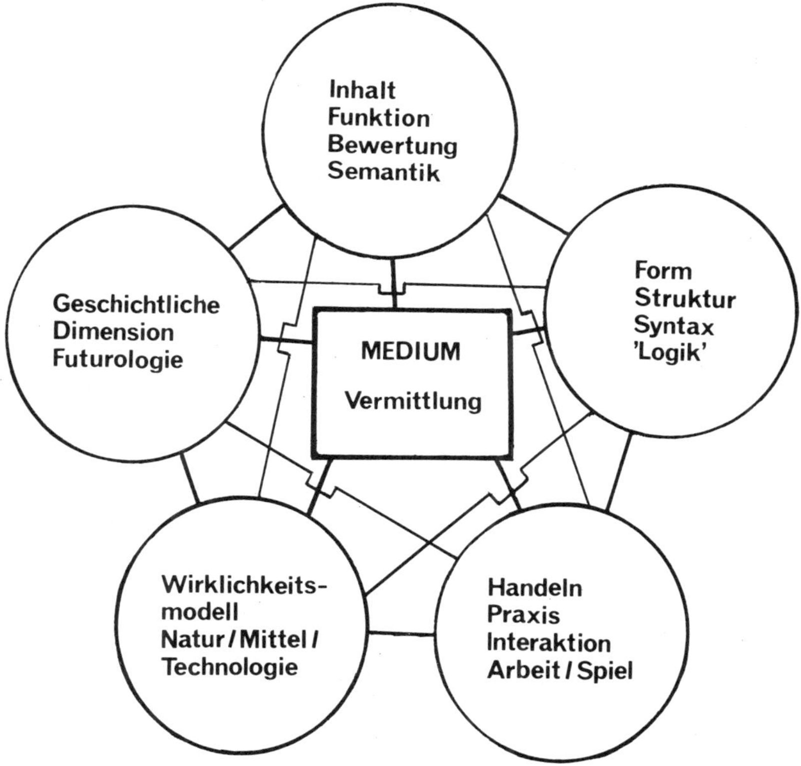

Fünfdimensionales Medien-Modell

Fassen wir die Kategorien zusammen, so haben wir fünf, die das Medium als Prinzip universeller Vermittlung ringförmig umgeben.

(1) *Wirklichkeit* (Sigmatik): Alle Abbilder haben einen Bezug zu den wirklich existierenden, materiellen Dingen, Systemen usw. (inkl. Umwelt). Empfindungen, Vorstellungen, dann Worte, Aussagen, Begriffe und Theorien sind Abbilder von Dingen und Beziehungen, und diese existieren unabhängig von Abgebildetem und abbildendem Subjekt. Formalisiert sind Abbilder Elemente

einer Menge, die einer anderen Menge zugeordnet sind, wobei die Abbildrelationen unterschieden sind wie auch die Vielzahl der Abbilder und ihrer Relationen. Die *Methodik* des Erfassens von Wirklichkeit aber ist Gegenstand der Empirie, deren Bilder pragmatisch bestimmt sind insofern, als in Frage gestellt ist, den Zusammenhang zwischen Komponenten und Ganzheit in dynamischen Systemen zu erkennen, da der Akt der Beobachtung Teile der dazu notwendigen Informationen zerstört.

Im sigmatischen Bereich bleibt der Unterschied zwischen *Totalität* und *Systemebene* problematisiert: steht *Totalität* für das auch außerwissenschaftliche Leben, Denken, 'Bilden' usw., so *System* für das wissenschaftlich erfaßbare System als das *abgebildete* Wirkliche; womit dem (scientistischen) Mißverständnis Freuds, dem Übersehen des Objektiven, wie auch der Adornoschen Ontologisierung des Dialektikbegriffs begegnet ist: Dialektik ist nicht jene Totalität, die uns in den dumpfen heißen Farben des Lebens begegnet, sondern das Prinzip des Widerspruchs, der Negation usw. als Gesetz. Nicht die Wirklichkeit ist dialektisch, vielmehr ist Dialektik das Abbild ihrer Bewegungsform. – Die Kategorie *Sigmatik* soll uns bei Medienanalysen verpflichten, nach den *wirklichen* Verhältnissen, die dem Modell zugrundeliegen, sei es ein Einzelnes, ein Summarisches (Schule, Fabrik o. ä.) zu fragen und dies *Wirkliche* dem *inneren Modell* des zu untersuchenden Bewußtseins usw. gegenüberzustellen. Das Bild, das ein Mensch von seiner Familie hat, ist ein anderes als das *wirkliche*, außerhalb seines Bewußtseins zu ermittelnde »sigmatische Bild«.

(2) *Geschichte:* Sie hat eine Koorelationsfunktion in allen Darstellungen von Personen und Zusammenhängen usw. Ob ein Ding, eine Person, ein Abbild, ein Zusammenhang usw. erscheint, immer ist Geschichte dabei im Spiel, ist Moment des Dings, Abbilds usw. Und zwar nicht nur gewesene Geschichte, sondern auch Theorie der Geschichte über das, was war, wie auch über das, was kommt. Die Kategorie fordert ein, was die Soziologie seit Max Weber vernachlässigt hat: nämlich Geschichtsperioden konkret zu analysieren, ihre Abläufe zu vergleichen,

ihr Systematisches aufzudecken, Vergangenheit mit Zukunft zu verbinden, die Kontinuität des zeitlichen Bewegungsgesetzes und seine Trägheit in die Entscheidungen mit hineinzunehmen, die Möglichkeit und das Wahrscheinliche, den Gang von Utopie zur Wissenschaft zu sehen. Nichts, was entschieden wird, kann ohne reale politische und wissenschaftliche Geschichtsprognose, medial und wirklich, gedeihen. – Für die Arbeit mit Medien wäre folgerichtig, historische Modelle nicht zeitlos zu sehen, nicht als »ewige« zu aktualisieren, d. h. historische Dimensionen nicht zu liquidieren, als vielmehr gerade zu betonen; Gewaltzustände im historischen Zusammenhang darzustellen usw.; (für die Psychologie): Bedürfnisse geschichtlich zu begreifen und nicht als invariante 'Natur'.

(3) *Inhalt* und seine Bewertung (*Semantik*[193] als Bedeutungs- und Bewertungslehre). Dieser Bereich entspricht großenteils dem, was man unter Stoff oder Motiv usw. versteht, insofern sie bereits vermittelt sind (als Teile eines Modells, einer Psyche usw.). Die Kategorie Inhalt umschließt auch den Begriff der Funktion, insofern ein Inhalt in Bewegung ist. Funktion ist gleichsam der dynamische Kontakt-Impuls eines Inhalts. – Inhalte verändern sich im Austausch mit Formen. Im Traum erscheint ein *Inhalt*, verdeckt als *Struktur*, zeigt den verdrängten Inhalt nur als *Form*. Worte wie *Nation*, *Freiheit*, *Staat* werden im Mittelalter, im Altertum, in der Neuzeit jeweils anders bewertet, anders gefüllt. – Inhaltliches – etwa bei *Inhaltsanalysen* von Bildern, Texten usw. ist *qualitativer* Natur in Relation zur *Quantität* bzw. Häufigkeit (*qualitativ* bestimmte Einheiten werden *quantitativ* gemessen). – Generell soll uns die Kategorie Inhalt vor der Verabsolutierung formal-struktureller Gesichtspunkte schützen, mit der vor allem Agenten der Herrschaft technologische Abläufe revolutionieren, dem technologischen Medium als solchem bereits eine *Message* (McLuhan), d. h. Inhalt zusprechen, die alten Inhalte unbefragt und unberührt lassend (alter Wein in neuen Schläuchen; Volkstheater im Fernsehen; *formale* Anpassung in der Analyse).

(4) *Form* – in etwa begriffsgleich mit *Struktur, Syntax, formaler Logik*. Die Form organisiert bzw. – absorbiert den Inhalt. Der Zusammenhang und die Einheit von Form und Inhalt besagen, daß die Form als quantitative Organisation die Gesamtheit der Relationen darstellt, die zwischen Elementen (Inhalten) eines Systems usw. bestehen. Dabei rivalisieren mitunter die *einzelnen* Inhalte mit der *Allgemeinheit* der Form. Deren relative Selbständigkeit ist von der Menge der sich verändernden Inhalte wiederum bestimmt, wie sie auch andererseits diese Veränderung aufhält, d. h. auf die sich verändernden Inhalte aktiv einwirkt. – Was in Relation zur Ebene des Wirklichkeitsmodells *(Sigmatik)* mit unserem Verfahren geregelt ist, ist die mediologische *Einheit* der zwei Arten von *Widersprüchen*, die der Positivismusdiskussion zugrundelagen, in der jede Seite *Logik* und *Dialektik* verschieden definierte. Die *Widerspruchsfreiheit* der *formalen Logik* wiederspricht nicht dem *Widerspruch* in der *Dialektik*, der *dialektischen Logik* bzw. dem Widerspruch des sigmatischen Modells. Eine Lampe im elektrischen Stromkreis, geschaltet nach den Regeln der formalen Logik, kann nicht zugleich *brennen* und *nicht brennen*, eine *formal-logische* Aussage analog nicht zugleich *wahr* UND *falsch* sein. Wohl aber enthält ein Atom *positiv* UND *negativ* geladene Teilchen gleichzeitig; steht Bewußtes *gegen* Unbewußtes möglicherweise gleichzeitig, kann Nacktheit im Traum durch Kleider symbolisiert werden usw. Das eine ist *formale* widerspruchsfreie *Logik*, das andere *dialektische Logik*. Widerspruchsfreiheit und Widersprüchlichkeit sind also gleichzeitig möglich, wenngleich auf zwei unterschiedenen Ebenen des Modells.

Im sigmatischen Bereich gibt es zweierlei Verlaufstypen von Widersprüchen: *nicht-antagonistische* bzw. *evolutionär* (ohne neue Qualität) sich aufhebende, und *antagonistische*, unvereinbare, die sich nur im Prozeß des *qualitativen* Umschlags aufheben, einen neuen Zustand einleitend. Auf der Basis der 4 Mittel, mit denen materialistische Ästhetik arbeitet, nämlich den *quantitativen* Bewegungen von *Größer als, Kleiner als*, der *Qualität* der *Negation* bzw. des Kontrasts, 'Umschlags' und dem *Wiederholungsprinzip* (als *Konjunktion, Gleichheit*) und

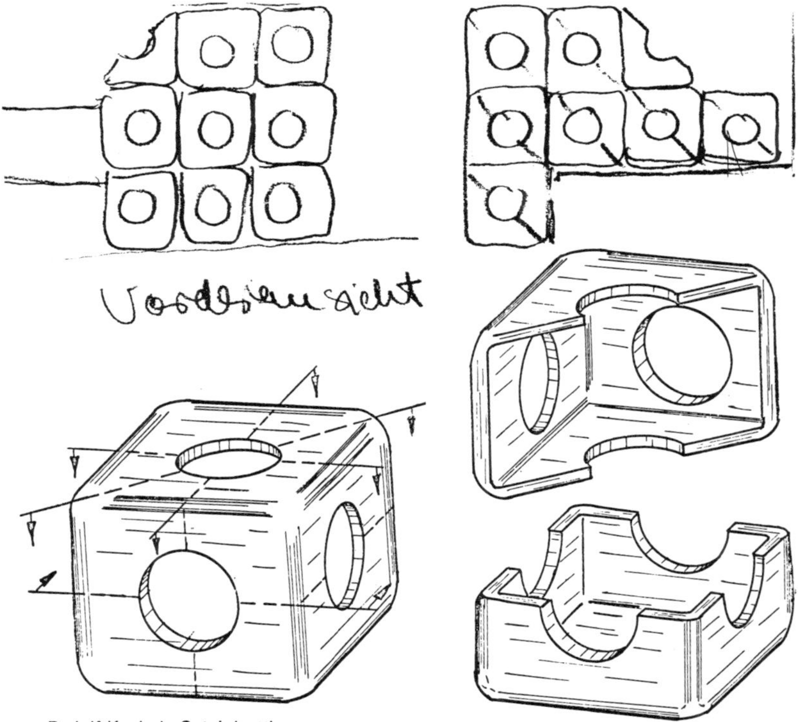

Rudolf Knubels Spielplastiken

den daraus abgeleiteten Kombinationen, die zum Teil durch logische Symbole verständlich werden, wäre eine dialektische »Informationsästhetik« gegenüber der nur »formalen« auszubilden möglich; sie leistete Analyse und Produktion in vieldimensionalen Medien: Einheit Wort/Bild/Musik als Paradigma des Psychischen und seiner systemaren Dialektik... Für das Zusammengehen von Form und Inhalt und die mediale Funktion formaler »abstrakter« Kunst sind die Kubelschen Spielplastiken im Märkischen Viertel Berlins und anderswo ein anschauliches Beispiel: die Würfel aus vorfabrizierten Elementen sind allemal gleich, nämlich jeder 100 auf 100 auf 100 cm. Nur die Inhalte, die die Kinder in diese Formen einbringen, sind verschieden und gehen weit über das hinaus, was man unter Kletterwand, Ballziel oder Spielhaus versteht. Daß Vasarely-, Op-Art-Objekte u. a. dieselbe Funktion für die (sigmatische) Wahrnehmung bzw. Psychologie des (Er-)Findens haben, ist unsere Hypothese.

(5) *Praxis:* Die »Aneignung« der objektiven Wirklichkeit, ihrer Inhalte, Formen usw. durch den Menschen geschieht als *Handeln* in gesellschaftlicher Praxis. Was immer wir produzieren oder konsumieren, steht in Bezug zu den Aspekten des – letztlich *sozialen* und *politischen Handelns;* und ihre Symbole und Zeichen entstehen erst *im Prozeß des Handelns* (als *symbolische, soziale, ökologische* u. a. *Interaktion*). Gehandelt aber wird innerhalb der Konditionen von *besonderen Rollen,* die von den Arbeitsverhältnissen der jeweiligen Individuen bedingt sind, deren zentraler Ort der Arbeitsplatz ist und dessen Elemente die *Verhältnisse, Mittel* und *Produktionsweisen* bestimmen. Dabei steht das *Verhältnis* der Person in Relation zu den *Mitteln* industrieller u. a. *Wirklichkeit.* Ihr mengentheoretisches personales Moment ist die *Klasse,* im vorbürgerlichen Bereich die *Kaste* von Menschen. Diese Praxis ist auf vielfältige Weise vermittelt: direkt von Person zu Person, indirekt über Sachen, auf doppelte Weise medial über Nachrichten. – Die Erkenntnistätigkeit beginnt *vor* aller Sprache im taktilen, visuellen Bereich, auch wenn die *Sprache,* das *Wort* die ursprüngliche *Tat* und ihre Mittel einholen mag. Das Werkzeug symbolisiert die Macht über die Natur, der der Mensch zugleich unterworfen ist. *Handlung* erst setzt *Bedeutung* und *Struktur.* Und *Operationalismus* als Handeln ist die Fortsetzung des praktischen Lebens: Nachahmung der Wirklichkeit wird zu deren *Erfindung,* gemessene Größe erst durch den *Vorgang* des Messens geschaffen, »Wahrheit« erst durch Technik – Eingriff und Veränderung – erzeugt.

(Strategie und Didaktik) Unsere Mediologie ist *Theorie* und zugleich *Methode.* Theorie insofern, als sie eine geordnete Menge formulierbarer Aussagen über Gesetzlichkeiten enthält. Methode, weil sie Operationen ermöglicht, die von Ausgangsbedingungen der abgebildeten Wirklichkeit zu einer Änderung führen; wobei ihr Modell aus dem Arsenal möglicher Strategien durch Kombinationen von Symbolen und Regeln als Analogie zu Wahrnehmung und Erkenntnis gewonnen wird, Erstmaligkeit in Wiederholung, Identität und Gegensatz verwandelt, und jeweils neu bestimmt werden muß. *Didaktisch* ist Mediologie insofern, als die Erkenntnis – sei's beim Rezipieren und vor allem Produzieren, die Stadien im Uhrzeigersinn durchläuft: worüber auch immer abgehandelt wird – sei's in Wort oder Bild oder beidem –, sei's über Organisation von Psyche, Traumbild oder Wahn, über Mitbestimmung, Schule, politische Organisation, Städtebau oder Kunst – immer ist von der *Wirklichkeit* auszugehen, immer ist die *geschichtliche* Dimension in Relation zu *Inhalt* und *Form*, und immer endet solcher vieldimensionale Vermittlungsprozeß in Handlung bzw. *Praxis.* Wollten wir das Modell in einem baukastenähnlichen Bild wiedergeben (um einer Verfestigung des ersten Schaltbildes zu entgehen), würde es sich gleichsam in Stufen und pyramidenförmig über der materiellen Wirklichkeit erheben. Dabei spaltet sich jede Kategorie in Unter-Kategorien und unterhält zu den anderen Bereichen ein vielfältiges Netz von Beziehungen, ähnlich »luxuriös« organisiert und verschaltet wie unser »seelischer Apparat«.

Visualisiert erschiene der »Durchlauf« durch die Kategorien in einer Unterrichtseinheit, in der die (kategorialen) Schichten bzw. Ebenen Bild für Bild auf durchsichtige Folien mit durchlässigen Farben gemalt würden: so die abbildreale vorgefundene Wirklichkeit eines (Beispiel: industriellen) Objekts, seine *geschichtlichen* Stadien und *Inhalte,* die Funktionen und *Formen* und endlich die neue *Praxis:* Handlungen, die aus dem Erkenntnisprozeß hervorgehen (dasselbe ist als Bild- oder Filmsequenz denkbar).

Nehmen wir als Beispiel die historische Bedingung und Entwicklung der Fließbandproduktion. Die Krisen, die in den letzten Jahren im Zusammenhang der sozialen Prozesse sichtbar wurden: Ansteigen der Lebensqualität in Schweden, zu hohe Fluktuation der Arbeiter wegen mangelhafter Arbeitsplätze,

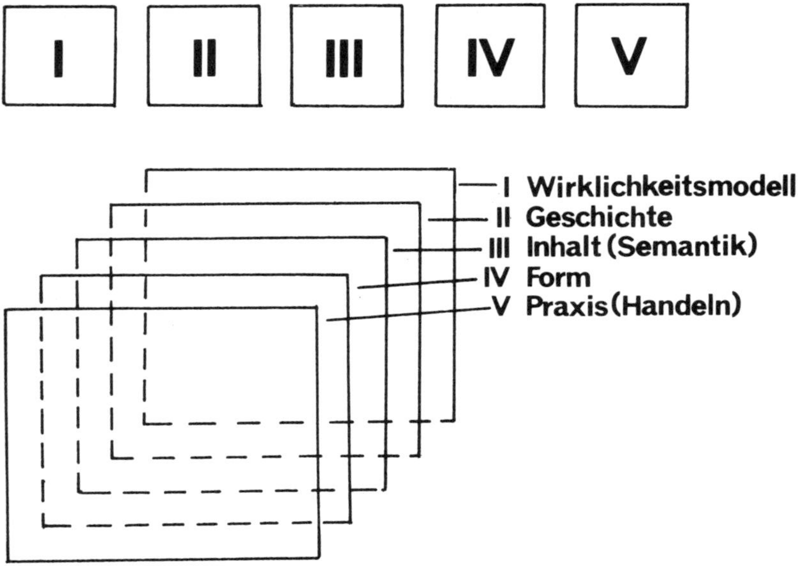

Didaktische Reihung der 'Kategorien' mittels Einzelbildern (Film, Tafelbild o. ä.) oder durchsichtigen Folien

neue Praxis als Fabrik ohne Fließbänder, futuristisches Design mit abgeteilten Arbeitsgruppen, Berücksichtigung von Gesundheit und Umwelt, Abschaffung monotoner Arbeitsvorgänge (Arbeitswechsel und -erweiterung), Atmosphäre der kleinen Werkstatt, Pavillon mit Tageslicht usw., Mitsprache und Mitbestimmung bei der Planung usw. – Oder die vorgefundene Wirklichkeit trister Mietskasernen über die Selbstorganisation urbaner Bürgerinitiativen bis zur Planung offener Hügelhäuser o. ä. – Wir müssen uns und unsere Kinder dazu bringen, die Probleme unserer Umwelt, der Kommunikation, des Psychischen, realistisch, d. h. *wirklich* zu sehen, *historisch* zu begreifen, *inhaltlich* in ihrer Bedeutung und Funktion voll aufzunehmen, *formal* zu organisieren und sie mit den bereits vorhandenen

Teilen in *praktisch*-strategische Beziehung zu bringen. Bilder kommen aus Handlungen und müssen zu Handlungen führen. Bilder ansehen und produzieren muß zu einer Verbesserung der Fabriken und der Schulen usw. führen; um Freud zu widersprechen: Revolutionäre Kinder sind in jeder Hinsicht wünschenswert.

Die Revolution in der Physik wie auch die Ergebnisse anderer Wissenschaften und ihre Systemüberlegungen haben unsere Kausalitätsvorstellungen aktualisiert und modifiziert insofern, als wir heute eine Vielzahl von einfachen und wechselseitigen Wirkungen und Relationen kennen und analog ein recht kompliziertes Bild der Arbeitsweise des Gehirns haben, die solche Erkenntnis als Modell reproduziert. Gleichzeitig ist gewiß, daß unser Bewußtsein weitaus komplizierter ist als die Modelle, über die sich schlüssig rechten läßt. So wissen wir zwar, daß unser Erkenntnisorgan getrennt für *visuelle, auditive* (hörbare) und *taktile* Bereiche arbeitet und auch bestimmbare funktionale Repräsentationen für Umweltkomplexe schaltet, nicht aber, wie es diese mit den bereits gespeicherten und bewerteten Inhalten verarbeitet. Entsprechend diesem Stand können wir für die 5 Grundkategorien, die wir notiert haben, lediglich sagen, daß ihre Elemente usw. in den einzelnen Kanälen Querverbindungen haben, daß es bestimmte Reiz- und andere Kombinationen gibt, daß komplexe Parameter die Netzwerke ganzer Sinnesbereiche beeinflussen; wir wissen aber wenig, wie primäre Sinneseindrücke auf die höheren Verschaltungsebenen der Nervensysteme wirken, diese ändern (oder *nicht* ändern) und wie dementsprechend das Modell einer Theorie aussehen muß. Wir können uns das Modell der Wechselbeziehungen, der Assoziationen der Sinne, damit auch ein zeichentheoretisches bzw. mediologisches Erkenntnismodell, das in den besagten Kategorien arbeitet, nicht komplex genug vorstellen. Erst in diesem Zusammenhang taucht nicht allein eine neue Computerlogik der Mehrwertigkeit auf, sondern auch eine neue Psychologie als umfassende Logik medialer Prozesse, in der die Ergebnisse der Einzelwissenschaften gleichsam im Laboratorium der Philosophie 'abgekocht' und gereinigt erscheinen. Sie beim jetzigen Stand für alle Fälle gene-

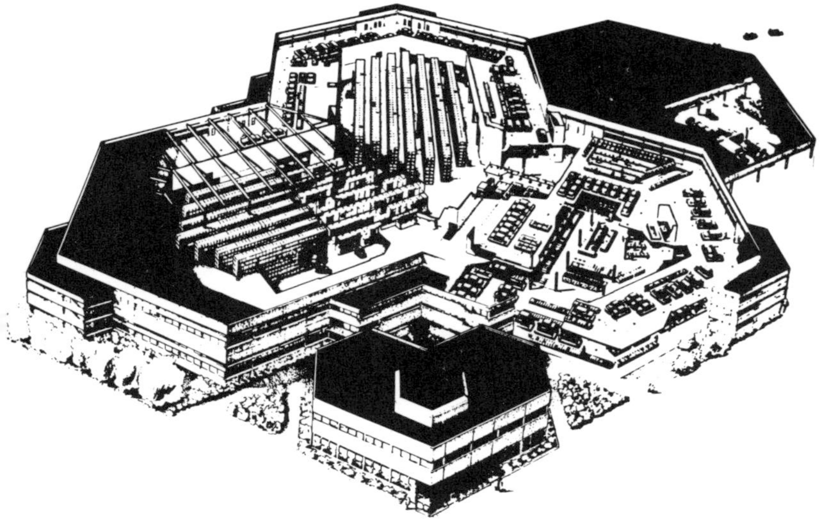

Volvos neue PKW-Fabrik ohne Fließbänder (in Kalmar bei Göteborg)

ralisieren und formalisieren zu wollen, wäre ebenso fahrlässig wie dogmatisch. Vielmehr geht es angesichts erstarrter Institutionen und Disziplinen darum, die Übergänge aller und jeder Begriffe, ihre Vermitteltheit, ihre Zusammenhänge und prozessualen Identitäten und Gegensätze aufzuzeigen und sie produktiv als Theorie *und* Praxis umzusetzen.

In unseren Tagen wächst die wirtschaftliche Anstrengung, den Sprach- und Bildbereich der Massenkommunikation als produzierte Totalität in den technologisch-kybernetischen Griff zu bekommen, wobei sich Herrschaft naturwüchsig durchsetzt. Unsere geschichtliche Wirklichkeit im Prozeß dieser Jahrhunderthälfte ist durch eine Informationsvermaschung hoher Dichte ausgezeichnet, wobei das Fernsehen das zeitlich schnellste Medium darstellt, insofern es das gerade Geschehene, die unmittelbare *Praxis* der Menschen vermittelt – aber technokratisch selektiert, weshalb Antifernsehen nicht Theorie bleiben kann. Der Anspruch auf freie Kommunikation nach Artikel 5 des Grundgesetzes wird zur Farce vor den anstehenden Systementscheidungen. Die Institutionen und Unternehmungen sind der Mehrheit der Individuen als Fremdes gegenübergestellt, und diese werden gezwungen, in äußerster Selbstentfremdung nicht nur Eigenart, Zielsetzung und Bewußtsein an die Herrschenden abzugeben, sondern das Produkt und Mittel selbst, an dessen Zustandekommen sie arbeiten, weshalb sie Güter und Dienstleistungen für jene Befriedigung, die sie in der alltäglichen Tätigkeit nicht finden, kaufen müssen. Angesichts der Probleme menschlicher Arbeit, deren Teilung die Massenkommunikation zementiert anstatt medial aufzuheben, bleibt die Frage Einsteins an Freud bis heute unbeantwortet; nämlich wie man verhindern könne, daß »die Minderheit der Herrschenden die Masse des Volkes ihren Gelüsten dienstbar machen kann (. . .)« und wie eine »Psyche« zu entwikkeln sei, die weniger den Gesang der Vergangenheit aufnimmt als vielmehr »widerstandsfähig wird gegenüber den Psychosen des Hasses und der Vernichtung«[194] *heute!*

– und ohne Unterbrechung des Flugs . . .

Anmerkungen

zum Beitrag von Helene Saussure

1 Nach K. Hoffmann (Hrsg.), Die Wirklichkeit des Mythos, München 1965, S. 64 (H. G. Wells)
2 T. Moser, Lehrjahre auf der Couch, Frankfurt/M. 1974, S. 234
3 U. a. K. Millett, Sexus und Herrschaft, München 1974, S. 233 ff., und B. Friedan, Der Weiblichkeitswahn, Reinbek 1966
4 S. Freud, Brautbriefe an M. Bernays, Frankfurt/M. 1968, S. 57 f.
5 Bei E. Jones, Sigmund Freud – Leben und Werk, Frankfurt/M. 1969, S. 491
6 M. Mitscherlich(-Nielsen), Müssen wir hassen? München 1972, S. 118; zusammengefaßt bei J. Laplanche und J. B. Pontalis, Das Vokabular der Psychoanalyse, Frankfurt/M. 1973, S. 351 ff.
7 D. Wyss, Marx und Freud, Göttingen 1969, S. 73
8 Freud, GW, S. 120
9 Freud, GW V (Drei Abhandlungen zur Sexualtheorie 1915)
10 Freud, GW XV, S. 144
11 M. Mitscherlich(-Nielsen), Müssen wir hassen? und Zeitschrift: Psyche 12/71
12 U. Sonnemann, Negative Anthropologie, Reinbek 1969, S. 15
13 A. Lorenzer, Über den Gegenstand der Psychoanalyse, Frankfurt/M. 1973, S. 156, und Zur Begründung einer materialistischen Sozialisationstheorie, Frankfurt/M. 1973, S. 130
14 H. E. Richter, Lernziel Solidarität, Reinbek 1974, S. 5 und 54 f.
15 Siehe P. Parin, in: Kursbuch 29, Das Elend mit der Psyche II Psychoanalyse, Berlin 1972, S. 185
16 O. F. Gmelin, Zärtlichkeit, Inzest ..., in: Vorgänge Nr. 5, Weinheim 1973, und H. Saussure/Gmelin, Vater und Kind, in: Vorgänge 3 (1973)
17 G. Deleuze und F. Guattari, Anti-Ödipus, siehe Frankfurter Rundschau, 17. 2. 73
18 J. Sapir, in: Bernfeld, Reich u. a., Psychoanalyse und Marxismus, Frankfurt/M. 1971
19 A. Mitscherlich, Auf dem Weg zur vaterlosen Gesellschaft, München 1963, S. 220, S. 253, S. 294
20 M. Schneider, Neurose und Klassenkampf, Reinbek 1973, S. 334
21 A. und M. Mitscherlich, Die Unfähigkeit zu trauern, München 1967, S. 34, S. 35, S. 61, S. 75, S. 186

22 P. Federn, Zur Psychologie der Revolution: die vaterlose Gesellschaft, 1919
23 H. Richter, Die Gruppe, Reinbek 1972, S. 330
24 Alvar Aalto = finnischer Architekt. A. Mitscherlich, Die Unwirtlichkeit unserer Städte, Frankfurt/M. 1965, S. 6 und 61; sowie Thesen zur Stadt der Zukunft, Frankfurt/M. 1971, S. 91
25 A. Mitscherlich, Die Idee des Friedens und die menschliche Aggressivität, Frankfurt/M. 1969, S. 29 f.
26 A. und M. Mitscherlich, Die Unfähigkeit zu trauern, S. 204
27 Dahmer, Horn, Leithäuser u. a., Das Elend der Psychoanalysekritik, Frankfurt/M. 1973, S. 26 und 110
28 Schneider, S. 10, siehe auch Frankfurter Rundschau, 198/1971
29 Moser, S. 229, und K. Horn (Hrsg.), Gruppendynamik und der 'subjektive' Faktor, Frankfurt/M. 1973, S. 187
30 Moser, S. 234
31 Terestman, siehe Frankfurter Rundschau, 16. 1. 74
32 Moser, S. 227
33 A. a. O., S. 236; A. Mitscherlich, Versuch die Welt besser zu verstehen, Frankfurt/M. 1970, S. 36, und Müssen wir hassen?, S. 191
34 Moser, S. 236
35 Schneider, S. 35
36 A. a. O., S. 16, siehe auch T. Kussmann, Sowjetische Psychologie, Wien 1971
37 Laplanche und Pontalis, S. 396 ff.

zu: O. F. Gmelin, Anti Freud

1 Variation zu H. Schultz-Hencke, Lehrbuch der Traumanalyse, Stuttgart 1972, S. 43
2 D. Riesmann, Freud und die Psychoanalyse, Frankfurt/M. 1965, S. 10
3 A. und M. Mitscherlich, Die Unfähigkeit zu trauern, München 1967, S. 95
4 M. Mitscherlich(-Nielsen), Müssen wir hassen?, München 1972, S. 95
5 S. H. Schultz-Hencke, a. a. O., S. 271
6 H. J. Home, siehe J. J. Spector, Freud und die Ästhetik, München 1972, S. 147
7 Laplanche und Pontalis, Das Vokabular der Psychoanalyse, Frankfurt/M. 1973, S. 335
8 Institut für marxistische Studien und Forschungen (Hrsg.), Zur Kritik der Psychoanalyse (Marxismus-Digest 7/73), S. 74, und H. F. Ellenberger, Die Entdeckung des Unbewußten, 2 Bände, Bern 1973
9 A. Lorenzer, Über den Gegenstand der Psychoanalyse, Frankfurt/M. 1973, S. 41
10 Freud, Traumdeutung (Studienausgabe), Frankfurt/M. 1973, S. 17
11 A. a. O., S. 17
12 Brückner, Leithäuser u. Kriesel, Psychoanalyse – zum 60. Geburtstag A. Mitscherlichs, Frankfurt/M. 1968, S. 63
13 Traumdeutung, S. 18
14 A. Lorenzer, Zur Begründung einer materialistischen Sozialisationstheorie, Frankfurt/M. 1973
15 O. F. Gmelin, Märchenmodelle und Mediengewalt (Medienwissenschaft Nr. 3), Zürich 1974

16 Science, Januar 1974, siehe Süddeutsche Zeitung, 53/74
17 O. Marquard, Schwierigkeiten mit der Geschichtsphilosophie, Frankfurt/M. 1973, S. 24 u. a.
18 H. Arnaszus, Spieltheorie und Nutzenbegriff aus marxistischer Sicht, Frankfurt/M. 1974, S. 225 und 229
19 Marquard, a. a. O., S. 105 und 188
20 O. F. Gmelin, Negative Dialektik – Schalsystem der Utopie, in: Schoeller, Neue Linke nach Adorno, München 1969, S. 292
21 Marquard, a. a. O., S. 187
22 Marquard, a. a. O., S. 105
23 Freud, Gesammelte Werke in 18 Bänden, London 1942–48; II/II, S. 533
24 J. W. Goethe, Sämtliche Werke, Stuttgart 1881, Bd. 14, S. 414
25 In: Sandkühler, Bernfeld u. a., Psychoanalyse und Marxismus, Frankfurt/M. 1971, S. 68
26 Marquard, a. a. O., S. 98 und 202
27 Zur Kritik der Psychoanalyse, a. a. O., S. 4
28 Freud, GW XIII, S. 53
29 Marquard, a. a. O., S. 102
30 F. W. Hegel, Wissenschaft der Logik I u. II, Frankfurt/M. 1969; siehe Lenin, Philosophische Hefte, Berlin 1973, S. 129
31 Traumdeutung, S. 579 f.
32 Sapir, in: Psychoanalyse und Marxismus, a. a. O., S. 227
33 Freud, Abriß der Psychoanalyse, Frankfurt/M. 1953
34 Laplanche und Pontalis, a. a. O., S. 507
35 Riesmann, a. a. O., S. 61
36 H.-P. Gente (Hrsg.), Marxismus – Psychoanalyse – Sexpol I, Frankfurt/M. 1970, S. 308
37 T. Moser, Lehrjahre auf der Couch, Frankfurt/M. 1974, S. 24
38 M. Mitscherlich(-Nielsen), a. a. O., S. 217
39 Traumdeutung, S. 24
40 Freud, GW XVI, S. 86
41 Freud, GW XIV, S. 124, siehe auch XVII, S. 85 und S. 129
42 Freud, a. a. O., S. 122
43 In: Gente, a. a. O., S. 304, und Freud, GW VI, S. 401
44 Freud, GW XII, S. 234 und GW XVI, S. 203
45 Freud, GW XI, S. 418, GW XIV, S. 325–379 und GW XIII, S. 256 ff.
46 In: Gente, a. a. O., S. 304
47 Freud, GW XIII, S. 255
48 Siehe A. Mitscherlich, Auf dem Weg zur vaterlosen Gesellschaft, München 1963
49 Siehe M. Mitscherlich(-Nielsen), a. a. O., S. 275
50 Spector, a. a. O., S. 151
51 M. Schneider, Neurose und Klassenkampf, Reinbek 1973, S. 335
52 Das Elend mit der Psyche (Kursbuch 29), Frankfurt/M. 1972, S. 169
53 Derridas Gastvorlesung an der Freien Universität Berlin, 1974
54 Laplanche und Pontalis, a. a. O., S. 503
55 Traumdeutung, a. a. O., S. 504 ff. und 571 ff.
56 H. M. Enzensberger, Baukasten der Medien (Kursbuch 29), S. 161
57 Eder, Willms, Tjaden, Hondrich u. a., Theorie der Gesellschaft oder Sozialtechnologie, Frankfurt/M. 1973
58 Max Schur, S. Freuds Leben und Sterben, 1973

59 Spector, a. a. O., S. 46 f.
60 Freud, Brief an Arnold Zweig vom 31. 5. 36
61 Freud, Das Unheimliche, 1919, in: Studienausgabe IV, S. 243 ff.
62 Freud, Der Wahn und die Träume, in: W. Jensens Gradiva, Studienausgabe X, S. 13 ff.
63 Studienausgabe X, S. 91 ff.
64 A. a. O., S. 109
65 Von fellare = (Milch) saugen
66 Doppelgeschlechtlich beim Mann von aner = Mann und gyne = Frau
67 Präödipal, d. h. oral bzw. anal
68 Studienausgabe X, S. 140
69 K. Faßmann an Gmelin, Juni 1970
70 Freud-Brief an M. Schiller, März 1931
71 Studienausgabe X, S. 153
72 J. Cremerius (Hrsg.), Neurose und Genialität, 1971
73 Siehe D. Wyss, Marx und Freud, Göttingen 1969
74 Th. Mann, Dr. Faustus, 1947
75 Studienausgabe X, S. 199 ff.
76 Siehe Spector, S. 135
77 Studienausgabe IX, Frankfurt/M. 1969, S. 575
78 A. a. O., S. 480
79 A. a. O., S. 539, S. 580, S. 577
80 Riesmann, S. 98
81 A. a. O., S. 151
82 Siehe Spector, S. 79
83 Marx-Engels-Werke, Ergänzungsband 1, S. 228
84 Spector, S. 171
85 G. Steinwachs, Mythologie des Surrealismus, Neuwied 1971, S. 52
86 J. Pierre, DuMont's kleines Lexikon des Surrealismus, Köln 1973, S. 123
87 Horkheimer und Adorno, Dialektik und Aufklärung, Amsterdam 1947, S. 7
88 W. Hofmann, Von der Nachahmung zur Wirklichkeit, Köln 1969, S. 126
89 M. Jean, Geschichte des Surrealismus, Köln 1961, S. 25, S. 65, S. 75
90 Spector, S. 158
91 Goethe, zitiert nach W. Rotzler, Objekt-Kunst, Köln 1972, S. 9
92 A. a. O., S. 203 f.
93 Siehe K. Thomas, Bis heute – Stilgeschichte der bildenden Kunst im 20. Jahrhundert, Köln 1971, S. 103
94 M. Nadeau, Geschichte des Surrealismus, Reinbek 1965, S. 49 und 83
95 Brockhaus, Enzyklopädie, Wiesbaden 1967, und G. Klaus (Hrsg.), Wörterbuch der Kybernetik, Berlin 1968
96 M. Woitschach, Moderne Mathematik: Wahrscheinlichkeit und Zufall, München 1973, S. 85
97 J. Ritter (Hrsg.), Historisches Wörterbuch der Philosophie, Bd. 2, Basel 1972, S. 156
98 P. Waldberg, Der Surrealismus, Köln 1965, S. 82
99 Siehe M. Demus, Funktionen der bildenden Kunst im Spätkapitalismus, Frankfurt/M. 1973, S. 60
100 Traumdeutung, S. 524
101 A. a. O., S. 510 – Unterstreichungen z. T. von uns
102 A. a. O., S. 523

103 A. a. O., S. 511
104 A. a. O., S. 562
105 A. a. O., S. 247
106 A. a. O., S. 348 – ohne Jahreszahlen der Zusätze
107 J. M. Allegro, The Sacred Mushroom and the Cross; siehe außerdem Gmelin-Beitrag in: Deschner, Warum ich aus der Kirche ausgetreten bin, München 1970, S. 109
108 Gmelin, Fibel 2, Zürich 1973, S. 6
109 Novalis, Schriften, Bd. III, S. 171
110 Jean, S. 195
111 U. M. Schneede, Malerei des Surrealismus, Köln 1973, S. 50
112 Nietzsche-Gedicht: Vereinsamt
113 Waldberg, S. 91 f.
114 Waldberg, S. 47 und 94
115 Siehe Nadeau, S. 207
116 Waldberg, S. 14
117 D. Schneider, zitiert nach Spector, S. 228
118 Siehe Nadeau und Spector, S. 210
119 Studienausgabe X, S. 11
120 Jean, S. 253
121 Siehe Nadeau, S. 63, Steinwachs, S. 37, und Breton, Le Surréalisme et la Peinture, 1941
122 Pierre, DuMont's kleines Lexikon des Surrealismus, S. 23
123 Pierre, Der Surrealismus, Lausanne 1967, S. 111 f., und DuMont's kleines Lexikon des Surrealismus, S. 114
124 Siehe Demus, S. 65
125 Siehe Jean, S. 90
126 Siehe Nadeau, S. 192
127 Gregor, in: filmkritik, 4/1961
128 In: Goetz und Banz, Luis Buñuel – eine Dokumentation, Verband des Filmclubs (Hrsg.), 1965
129 O. Wiener, Die Verbesserung von Mitteleuropa, Reinbek 1969, S. XVI
130 Runge zu Gmelin, Sommer 1972
131 Pierre, DuMont's kleines Lexikon des Surrealismus, S. 33
132 Siehe J. Jakab, Zeichnungen und Gemälde der Geisteskranken, Berlin 1956, S. 15
133 Siehe Jean, S. 255
134 Siehe Jakab, S. 157
135 Gmelin in: Medienwissenschaft 7, Zürich 1974
136 Siehe Jakab, S. 46
137 Siehe Jakab, S. 133
138 E. Bornemann, Unsere Kinder im Spiegel ihrer Lieder, Reime, Verse und Rätsel, Freiburg 1973, S. 13
139 R. P. Hartmann, Malerei aus Bereichen des Unbewußten, Köln 1974, S. 38 und 46
140 A. a. O., S. 13, 16, 46, 51
141 A. a. O., S. 45 f., 48, 159
142 Leuner, siehe a. a. O., S. 38 ff.
143 Gmelin, Böses kommt aus Kinderbüchern, München 1972, S. 31 und 57 ff.
144 L. Navratil, Schizophrenie und Kunst, München 1965, und Schizophrenie und Sprache, München 1966, Kritik in Medienwissenschaft 8, Zürich 1974

145 H. Prinzhorn, Bildnerei der Geisteskranken, Berlin 1922
146 Jakab, S. 134 f.
147 Jakab, S. 129 ff., 145, 154
148 Siehe G. Ortlepp, Interview mit A. Schmidt in: Der Spiegel, 17/1970
149 Siehe Spector, S. 186 f. und 236
150 O. Wiener, Besprechung von Zettels Traum, in: Tagesspiegel 5./9./12. IX. 1970
151 Siehe Steinwachs, S. 39
152 Studienausgabe VII, S. 226
153 Freud, GW XIV, S. 371; XV, S. 185, und Zukunft einer Illusion
154 Pierre, DuMont's kleines Lexikon des Surrealismus, S. 76
155 Gmelin, Philosophie des Fernsehens, Pfullingen 1967, S. 123 ff.
156 K. Stern, Die Flucht vor dem Weib, Salzburg 1968, S. 91
157 M. de Sade, Philosophie des Boudoir, München, o. J.
158 Siehe Rotzler, S. 28
159 V. Packart, Die geheimen Verführer (1957), Düsseldorf 1973, S. 53
160 Siehe Pierre, Surrealismus, S. 108
161 Pierre, DuMont's kleines Lexikon des Surrealismus, S. 93
162 Studienausgabe VII, S. 142 ff.
163 Siehe Rotzler, S. 89
164 S. Dali, Die Eroberung des Irrationalen, Frankfurt/M. 1973, S. 74 ff.
165 Freud, Briefe 1873–1939, Frankfurt/M. 1960, S. 465
166 Siehe Rotzler, S. 86
167 Siehe außerdem: J. Chasseguet-Smirgel (Hrsg.), Psychoanalyse der weiblichen Sexualität, Frankfurt/M. 1974
168 Freud, GW VIII, S. 120
169 Thomas, S. 170
170 E. Lucie-Smith, Kunstrichtungen seit 1945, Wien 1969, S. 89 ff.
171 O. W. Haseloff, Motivation, in: E. Grochla (Hrsg.), Handwörterbuch der Organisation, Stuttgart 1969
172 H.-J. Hoffmann, Werbepsychologie, Berlin 1972, und Gmelin, Medienwissenschaft, 9/10
173 Thesenpapier 3, Kongreß der Werbung 1974
174 Statistisches Bundesamt, siehe außerdem: Der Spiegel, 38/74
175 K. Horn, in: R. Zoll, Manipulation der Meinungsbildung, Opladen 1972
176 Thesenpapier 3 und Zentralausschuß der Werbewirtschaft, Jahrbuch der Werbung 73/74, Bad Godesberg 1974
177 Thesenpapier 5
178 Haseloff/Grochla, S. 1023
179 S. Bluth, Rebellion der Verbraucher, 1974, siehe außerdem: P. Lerche, Werbung und Verfassung, München 1967
180 Siehe Hoffmann, S. 150 ff.
181 C. G. Jung und K. Kerény, Einführung in das Wesen der Mythologie, Zürich 1959, S. 119 und 129
182 C. G. Jung, Der Mensch und seine Symbole, Olten 1968
183 Horn, in: Lorenzer u. a., Psychoanalyse als Sozialwissenschaft, Frankfurt/M. 1971
184 C. W. Morris, Grundlagen der Zeichentheorie, München 1972
185 A. a. O., S. 22
186 F. Knilli, Unterhaltung der deutschen Fernsehfamilie, München 1971
187 Thomas Manns Roman 1947

188 Siehe auch Lorenzer, Zur Begründung einer materialistischen Sozialisationstheorie
189 Lorenzer, Über den Gegenstand der Psychoanalyse, S. 151 und 162
190 Lorenzer, Sprachzerstörung und Rekonstruktion, Frankfurt/M. 1971, S. 46, 78, 86
191 G. Klaus (Hrsg.), Wörterbuch der Kybernetik, Berlin 1968
192 K. Held, Kommunikationsforschung – Wissenschaft oder Ideologie, München 1972
193 A. Schaff, Einführung in die Semantik, Frankfurt/M. 1969
194 Siehe GW XVI, S. 1 und XII, S. 349

Schlußbemerkung

Von den praktischen Erfahrungen zur Mediendidaktik in Schulen und Hochschulen abgesehen, erfuhr das Thema seine erste Ausarbeitung in einem Essay 1970, der medienwissenschaftliche Aspekt in einer Abhandlung 1973 zusammen mit Ruth Sabatier. Das Vorwort beinhaltet Aussagen einer zusammen mit Helene Saussure begonnenen Kritik der Neo-Freudianer. Für Anregungen und Kontrolle der hier vorliegenden und völlig neuen Ausarbeitung habe ich der Soziologin Ilse Korte zu danken; für Geduld und Betreuung auf Verlagsseite Karin Thomas. – Die notwendige Literatur ist den Anmerkungen zu entnehmen. – Für Auskunft, Kritik und weiterführenden Dialog O. F. Gmelin, 638 Bad Homburg, Postfach IFEZ 1626.

Die Freud-Zitate sind nach der Gesamtausgabe bzw. Studienausgabe kontrolliert, wobei die Konkordanz einige Wünsche offenläßt, so bei den Begriffen *Kultur, Arbeit* u. a.; oft sind mehrere Zitate in *einer* Anmerkung zusammengezogen, um den Apparat nicht unnötig auszudehnen. Freud-Kritik und Freud selbst läßt sich notfalls immer mit Freud selbst widerlegen. Es käme in der kommenden Diskussion mehr auf die Fortentwicklung und Integration der Begriffe in einem Neuen an und weniger auf exegetischen Eifer und freisprechenden Kampf um den 'Vater' der Psychoanalyse. Nichts kann überzeugen, sein Werk nicht als geschichtlich zu begreifen, insofern auch zu überwinden.

DuMont Kunst-Taschenbücher

Band 11

William Morris Kunde von Nirgendwo

Eine Utopie der vollendeten kommunistischen Gesellschaft und Kultur aus dem Jahre 1890

Neu herausgegeben von Gerd Selle

»Nirgendwo, das Land der Wünsche, der Träume, der Ideale, der Zukunft. Das Land der Zukunft – die kommende Zeit. The good time coming – ›die gute kommende Zeit‹ des gegenwartsmüden Arbeiters. In die Zukunft flüchten sich die Wünsche. Alles Schöne und Gute, das die Gegenwart mit rauher Hand zurückweist, flieht in die schrankenlose, unbegrenzte, allem und allen Raum bietende schimmernde Zukunft!« (Aus dem Vorwort von Wilhelm Liebknecht)

»Dieser Roman schildert die Vorstellungen von einer Wirklichkeit gewordenen marxistischen Gesellschaft, die in schöpferischer Selbstverwirklichung den Genius des einzelnen freizulegen in der Lage ist. Ein Pflichtbuch für sozial engagierte Kunstfreunde.«

Neue Zeit, Graz

Band 17 André Stoll

Asterix – das Trivialepos Frankreichs

Die Bild- und Sprachartistik eines Bestseller-Comics

Diese Untersuchung dient einem besseren, kritischen und zugleich humorvollen Verständnis der Asterix-Serie, des erfolgreichsten und phantastischsten Comics innerhalb der modernen Massenliteratur. Der Autor bietet dem deutschen Asterix-Leser einen Einblick in die Bedeutungsstrukturen dieser Bildgeschichte, in ihre Sprachartistik und ihre Visualisierungsstrategien. Gleichzeitig zeigt er die künstlerischen und ideologischen Traditionen, aus denen der Asterix-Comic hervorgegangen ist.

DuMont Kunst-Taschenbücher

Band 1 Abraham A. Moles
Kunst & Computer

Band 2 Horst W. und Dora Jane Janson
Malerei unserer Welt
Von der Höhlenmalerei zur Moderne

Band 3
August Macke Die Tunisreise
Aquarelle und Zeichnungen

Band 4 Uwe M. Schneede
René Magritte
Leben und Werk

Band 5 Ernst Günther Grimme
Pieter Bruegel d. Ä.
Leben und Werk

Band 6 Karin Thomas
DuMont's kleines Sachwörterbuch zur Kunst des 20. Jahrhunderts
Von Anti-Kunst bis Zero

Band 7 Hans Joachim Albrecht
Farbe als Sprache
Robert Delaunay, Josef Albers, Richard Paul Lohse

Band 8 Christian Geelhaar
Paul Klee
Leben und Werk

Band 9 Adolf Max Vogt
Russische und Französische Revolutionsarchitektur 1917 1789

Band 10 Herbert W. Franke
Phänomen Kunst
Die kybernetischen Grundlagen der Ästhetik

Band 11
William Morris Kunde von Nirgendwo
Eine Utopie der vollendeten kommunistischen Gesellschaft und Kultur aus dem Jahre 1890

Band 12 José Pierre
DuMont's kleines Lexikon des Surrealismus

DuMont Kunst-Taschenbücher

Band 13 Joseph-Émile Muller
DuMont's kleines Lexikon des Expressionismus

Band 14 Jens Christian Jensen
Caspar David Friedrich
Leben und Werk

Band 16 Michail W. Alpatow
Studien zur Geschichte der westeuropäischen Kunst

Band 17 André Stoll
Asterix – das Trivialepos Frankreichs
Die Bild- und Sprachartistik eines Bestseller-Comics

Band 18 Horst Richter
Geschichte der Malerei im 20. Jahrhundert
Stile und Künstler

Band 19 László Glózer
Picasso und der Surrealismus

Band 20 Cyril Barrett
Op Art

Band 24 Ernst R. Scherz und Anneliese Scherz
Afrikanische Felskunst
Malereien auf Felsen in Südwest-Afrika

Im Januar '75 erscheinen:

Band 15 Heijo Klein
DuMont's kleines Sachwörterbuch zur Drucktechnik und graphischen Kunst
Von Abdruck bis Zylinderpresse

Band 21 Otto F. Gmelin
Contra Freud & Co.
Freuds Folgen in der bildenden Kunst und Werbung

Band 22 Wolfgang Brückner
Elfenreigen – Hochzeitstraum
Die Öldruckfabrikation 1880–1940

Band 23 Horst Keller
Marc Chagall
Leben und Werk